Arthur D Little · Management erfolgreicher Produkte

Arthur D Little
(Herausgeber)

Management erfolgreicher Produkte

GABLER

Die Deutsche Bibliothek – CIP-Einheitsaufnahme

Management erfolgreicher Produkte / Arthur D. Little
(Hrsg.). – Wiesbaden : Gabler, 1994
  ISBN 978-3-663-05882-3   ISBN 978-3-663-05881-6 (eBook)
  DOI 10.1007/978-3-663-05881-6
NE: Arthur D. Little International Inc. <Wiesbaden>

Der Gabler Verlag ist ein Unternehmen der Verlagsgruppe Bertelsmann International.

© Betriebswirtschaftlicher Verlag Dr. Th. Gabler GmbH, Wiesbaden 1994
Softcover reprint of the hardcover 1st edition 1994
Lektorat: Ulrike M. Vetter

Das Werk einschließlich aller seiner Teile ist urheberrechtlich geschützt. Jede Verwertung außerhalb der engen Grenzen des Urheberrechtsgesetzes ist ohne Zustimmung des Verlages unzulässig und strafbar. Das gilt insbesondere für Vervielfältigungen, Übersetzungen, Mikroverfilmungen und die Einspeicherung und Verarbeitung in elektronischen Systemen.

Höchste inhaltliche und technische Qualität unserer Produkte ist unser Ziel. Bei der Produktion und Verbreitung unserer Bücher wollen wir die Umwelt schonen. Dieses Buch ist auf säurefreiem und chlorfrei gebleichtem Papier gedruckt. Die Buchverpackung besteht aus Polyäthylen und damit aus organischen Grundstoffen, die weder bei der Herstellung noch bei der Verbrennung Schadstoffe freisetzen.

Die Wiedergabe von Gebrauchsnamen, Handelsnamen, Warenbezeichnungen usw. in diesem Werk berechtigt auch ohne besondere Kennzeichnung nicht zu der Annahme, daß solche Namen im Sinne der Warenzeichen- und Markenschutz-Gesetzgebung als frei zu betrachten wären und daher von jedermann benutzt werden dürften.

Umschlaggestaltung: Schrimpf und Partner, Wiesbaden
Satz: Satzstudio RESchulz, Dreieich-Buchschlag

ISBN 978-3-663-05882-3

Vorwort

Noch Anfang 1992 mochten sich in Deutschland nur wenige auf die Rezession vorbereiten, obwohl im Ausland überall die Konjunkturlichter ausgingen. Wir hatten Sonderkonjunktur. Viele deutsche Unternehmen bewegten sich auf vollen Touren, aber mit hohen Gemein- und Komplexitätskosten, auf die Rezession zu. Als eine der führenden deutschen Wirtschaftszeitschriften im Februar 1992 die Frage stellte: „Welche Konzerne wird die Krise voll erwischen?", da war die Reaktion bei vielen Unternehmensführern: „Die reden die Rezession herbei!" und „Wir sind besser gewappnet, als die denken!" und „Die Jury sollte sich noch einmal auf die Schulbank setzen!"

Wir bei Arthur D. Little nahmen den Ratschlag mit der Schulbank ernst. Wir sagten uns: Wenn wir die Krisenanfälligkeit der deutschen Unternehmen an Kriterien wie Marktrisiko, Geschäftsrisiko, Finanzrisiko und Qualität der Führung festmachen können und wenn Unternehmen derselben Branche unterschiedlich gut oder schlecht wegkommen können, dann müssen sich auch Maßnahmen und Verhaltensweisen identifizieren lassen, durch die Unternehmen die Rezession ungeschoren oder sogar gestärkt überstehen können. So machten wir uns daran, die allem Anschein nach rezessionsresistenten Unternehmen einzukreisen und zu beobachten, quer durch die Branchen, um herauszufinden, was ihre Krisenunanfälligkeit ausmacht.

Dabei kristallisierte sich heraus, daß die meisten dieser Unternehmen über erfolgreiche Produkte verfügen und in der Lage sind, immer wieder marktgerechte, attraktive Produkte hervorzubringen. Wie sie das bewerkstelligen, was sie tun, aber auch was sie nicht tun, wurde zum Kern unserer Untersuchungen. Das Management erfolgreicher Produkte ist folgerichtig zum Thema dieses Buches geworden. Denn gerade in der derzeitigen rezessiven Phase können wir klar erkennen, daß das Hervorbringen erfolgreicher Produkte der entscheidende Faktor ist, der auch den Erfolg der Unternehmen bestimmt. Daher muß die Wendigkeit der Produktentwicklung und des Marketing die oberste Priorität der Unternehmensführung darstellen. Die Unternehmen, die dazu in der Lage sind, haben die typischen Maßnahmen heute rezessionsgeplagter Unternehmen nicht nur längst hinter sich, sondern sie halten diese Maßnahmen auch in guten Zeiten für ihr normales Managementpensum: Sie steigerten in den achtziger Jahren ihre Produktivität, sie entschlackten laufend ihre Organisation und ihre Leistungsprozesse, sie rationalisierten ihre Produktpalette, um kostentreibende Komplexität zu vermeiden und ihre Marketinganstrengungen auf die erfolgversprechendsten Produkte und Leistungen zu lenken.

Als die Rezession einsetzte, brauchten sie das alles nicht mehr nachzuholen. Sie hatten ihr Haus in Ordnung und konnten ihre Energie dafür einsetzen, ihre Produkte und Leistungen der Konjunkturlage entsprechend mit größtem Nachdruck zu vermarkten.

In diesem Buch zeigen wir, daß dazu eine eindeutige Produktstrategie gehört, die mit der Marktstrategie des Unternehmens abgestimmt sein muß. Und wir zeigen, wie diese abgestimmte Produkt- und Marktstrategie zustande kommt, nämlich durch das Mitdenken aller Verantwortlichen im Unternehmen bei der Optimierung des Kundennutzens.

Heute richten dagegen viele Führungskräfte die Aufmerksamkeit in ihren Unternehmen auf andere Dinge: Die Rentabilität muß wegen Umsatzrückgang im rezessiven Marktumfeld durch mehr oder weniger drastischen Kosten- und Stellenabbau gesteigert werden; dadurch entstehen Verunsicherung und Absicherungsverhalten bei den Mitarbeitern, und häufig werden die Chancen im Markt nicht mehr mit der nötigen Kundennähe und Kreativität verfolgt. Ein „vicious circle".

Dem stellen wir gegenüber, wie die deutschen Unternehmen durch einen neuen Dreiklang von Produkt-, Markt- und Effizienzstrategie wieder ihre auch heute noch tragfähigen Wettbewerbsstärken kultivieren können.

An den Untersuchungen und Gesprächen waren viele Vorstände und Geschäftsführer deutscher, westeuropäischer, amerikanischer und japanischer Unternehmen beteiligt, denen wir hier herzlich danken für die Offenheit und die Zeit, die sie sich für die Gespräche genommen haben.

Besonders danken möchten wir den Herren Hans Schnüttgen und Wulf D. Fischer, Generalbevollmächtigte der Bremer Vulkan, Peter Zühlsdorff, Sprecher des Vorstands der Wella AG, Volker Hannemann, Sprecher des Vorstands der GEA AG, Dr. Giuseppe Vita, Vorstandsvorsitzender der Schering AG, Matthias Anderson, Vorstand der Hirsch AG, Frau Ursula Buck, Direktor Strategische Planung der Hugo Boss AG, Dr. Udo Kaltenhäuser, Bereichsleiter Markt und Unternehmensplanung der VIAG, Dr. Eckart Kottkamp, Vorstandsvorsitzender der Jungheinrich AG, Dr. Harald Schröder, Mitglied des Verwaltungsrats der E. Merck Darmstadt, Dr. Friedhelm Gieske, Vorstandsvorsitzender der RWE, Dr. Hans Meinhardt, Vorstandsvorsitzender der Linde AG, Reinhard Schmidt, Vorstandsvorsitzender der Dürr Beteiligungs AG, Dr. Herbert Wörner, Vorsitzender der Geschäftsführung der Bosch-Siemens Hausgeräte GmbH, und Dr. Peter Herlitz, Vorstandsvorsitzender der Herlitz AG.

Bei Arthur D. Little steuerten viele „kluge Köpfe" ihre Erfahrungen und Einblicke, ihr „Gehirnschmalz" und zahllose Abendstunden bei. P. Ranganath Nayak, Senior Vice President von Arthur D. Little, Inc., in Cambridge, Massachusetts, und Jean-Philippe Deschamps, Vice President mit Sitz in Brüssel, sind die geistigen Väter des ADL-Konzepts „Competing Through Products"; sie waren maßgeblich an Kapitel 1 „Die strategische Rolle von Produkten" und Kapitel 2 „Die Dynamik des Produktwettbewerbs" beteiligt. Die Kollegen Dr. Cornelius Herstatt und Michael Mollenhauer, Mitglied der deutschen Geschäftsleitung von Arthur D. Little, sind Co-Autoren des Kapitels 5 „Marketing für Produktinnovationen". Durch die Welt reiste gesprächeführend und -analysierend der freie Mitarbeiter Dipl.-Betriebsw. Sven Sommerlatte. Ihnen allen herzlichen Dank für die wertvollen Beiträge.

Und schließlich: Was wären die guten Ideen und die hochkalibrigen Teile, wenn nicht jemand ein in sich geschlossenes, vorzeigbares Ganzes daraus machte? Die Komponenten zu dem Produkt „Management erfolgreicher Produkte" zusammengeführt zu haben im Sinne einer konsequenten, kundenorientierten Endredaktion, das ist das Verdienst von Frau Karin Pfeiffer. Auch ihr kollegialen Dank.

Wir glauben, daß dieses Buch zum richtigen Zeitpunkt „auf den Markt kommt": Wenn wir die Unternehmen durchrationalisiert und ihre Leistungsprozesse auf Vordermann gebracht haben, und das dürfte beim Gros der deutschen Industrie bald ausgeschöpft sein, dann stellt sich die Frage, *womit* wir die Zukunft bestreiten wollen, das heißt mit welchen neuen Produkten und Leistungen. Dann wird wieder der Unternehmer in den Vordergrund rücken müssen, der mehr ist als ein „Macher", der seine Mannschaft zu Hochleistung und Innovation motivieren und sie auf eine integrierte Produkt- und Marktstrategie einschwören kann.

Dieses Buch gibt dazu nützliche Anregungen, denn es baut auf den Anregungen von Unternehmern auf, die die richtige Orientierung schon erfolgreich eingeschlagen und bewiesen haben: Es geht!

Wiesbaden, im Oktober 1993   Dr.-Ing. Tom Sommerlatte

Managing Director Europe
Arthur D. Little

Inhalt

Vorwort 5

Erstes Kapitel
Die strategische Rolle von Produkten

1.1 „Weiße Raben" offerieren nützliche Produkte 15
1.2 War die Rezession vorauszusehen? 17
1.3 Auf die richtigen Prioritäten kommt es an 19
1.4 Optimierung des Kundennutzens – die entscheidende Leistung .. 21
1.5 Das Produkt – Drehpunkt der Interessen 26
1.6 Sind wir richtig organisiert? 29

Anhang zu Kapitel 1

1. „Weiße Raben" in England 33
2. „Weiße Raben" in Deutschland 34

Zweites Kapitel
Die Dynamik des Produktwettbewerbs

2.1 Produktwettbewerb durch Proliferation 40
2.2 Produktwettbewerb durch neue Dimensionen der Wertschöpfung 42
2.3 Produktwettbewerb durch Design 44
2.4 Produktwettbewerb durch Innovation 46
2.5 Produktwettbewerb durch Service 49
2.6 Nur wenige deutsche Unternehmen haben eine Produktstrategie .. 51
2.7 Wie sieht eine Produktstrategie aus? 53
   • Wo antreten? 56
   • Wie konkurrieren? 57

Drittes Kapitel
Die technologischen Trends

3.1 Technologien und ihre Bedeutung für Wirtschaftsentwicklung
    und Wettbewerbsfähigkeit 65
3.2 Das Verhältnis von Technologien, Produkten und
    Wirtschaftsstrukturen 70

3.3	Strategische Konsequenzen für die Unternehmen	74
	• Wettbewerbspotentiale von Technologien	75
	• Konsequenzen für Produktstrategien	80
	• Technologiestrategien in Abhängigkeit von Produkt- und Marktposition	82

Viertes Kapitel
Der Produktentwicklungsprozeß und sein Management

4.1	Zur Produktivität des Kundennutzen-Optimierungsprozesses	95
4.2	Wo sehen die Unternehmensführer die Probleme?	98
	• Operative Probleme	98
	• Entwicklungsstrategische Probleme	99
	• Probleme der Markt-, Kunden- und Wettbewerbskenntnis	101
	• Unternehmensstrategische Probleme	103
	• Organisatorische Probleme	104
4.3	Etappen des Kundennutzen-Optimierungsprozesses	107
4.4	Strategisches Projektmanagement	110
4.5	Management des Entwicklungs-Portfolios	115
4.6	Intensität der Kundenbeziehungen	118

Fünftes Kapitel
Marketing für Produktinnovationen

5.1	Kundennutzen durch Kundennähe	123
5.2	Lead Users	126
5.3	Grenzen der Aussagefähigkeit der Kunden	128
5.4	Die Kunden kennen, aber ihnen vorausdenken	130
5.5	Die Entwickler in die Kundenbearbeitung einbeziehen	133
5.6	Den Kunden auf die Nutzeninnovation vorbereiten	135
5.7	Instrumente des Innovations-Marketing	142
	• Marketing für substitutive Innovationen	142
	• Marketing für Wertschöpfungs-Innovationen	144
	• Marketing für Anwendungs-Innovationen	145
5.8	Marketing-Mix des Innovations-Marketing	146

Sechstes Kapitel
Unternehmensstrategien auf Basis einer integrierten Produkt- und Marktstrategie

6.1 Neue Strategiedimensionen im internationalen Wettbewerb 153
6.2 Von der kurz- zur langfristigen Produkt- und Marktstrategie ... 155
6.3 Von der deutschen zur kosmopolitischen Sicht 158
6.4 Wege zur Integration der Produkt- und Marktstrategie 160
6.5 Der entscheidende Ansatz: Der Produkt-Markt-Review 162
6.6 Produkt- und Unternehmensstrategien für den Standort Deutschland 166

Die Autoren 181

Erstes Kapitel

Die strategische Rolle von Produkten

1.1 „Weiße Raben" offerieren nützliche Produkte

Als die Rezession in Deutschland im Zenit stand, im Sommer 1993, fragten sich die Strategie- und Technologieexperten von Arthur D. Little, welche deutschen Unternehmen die Wirtschaftskrise zu überstehen versprechen, ohne Federn zu lassen, und warum.

Sie knöpften sich die 150 bis zum Jahr 1991 erfolgreichsten deutschen Unternehmen vor[1] und identifizierten diejenigen, die dem Zahlenbild nach auch 1992 und Anfang 1993 noch respektable Ergebnisse erzielten. Bei diesen sahen sie genauer hin, soweit sie sie nicht ohnehin schon eingehend kannten. Was sie zu ergründen suchten, war, welche Unternehmenspolitik diesen „weißen Raben" in dem herrschenden rezessiven Umfeld dazu verhalf, weitgehend ungeschoren davon zu kommen.

Eine ähnliche Untersuchung hatten unsere Londoner Kollegen schon 1992 in England durchgeführt, als dort die Rezession ihren Höhepunkt erreicht hatte.[2] Dort hatte die Rezession Ende 1989 eingesetzt, als wir in Deutschland infolge der Wiedervereinigung noch eine Sonderkonjunktur genießen konnten, obwohl um Deutschland herum überall die Konjunkturlichter ausgingen.

In England kreisten unsere Londoner Kollegen die Unternehmen mit einem Umsatz von mehr als 250 Millionen DM ein, die 1989/90 und 1990/91 ein Ertragswachstum von mehr als 15 % pro Jahr und 1991/92 noch mehr als 11 % erzielten: Es waren 58 (siehe Anhang 1).

Unsere Kriterien in Deutschland waren das durchschnittliche Umsatzwachstum und die durchschnittliche Eigenkapitalrendite der Jahre 1989 bis 1992, wobei wir die Latte bei einem durchschnittlichen Umsatzwachstum von mindestens 5 % und einer durchschnittlichen Eigenkapitalrendite von mindestens 20 % über den Untersuchungszeitraum hinweg ansetzten. Wir wählten 42 Unternehmen aus, die diese Kriterien erfüllten und die ein breites Spektrum von Branchen abdeckten (siehe Anhang 1).

In den Gesprächen mit den Führungskräften dieser Unternehmen, in England wie in Deutschland, zeigte sich, daß sie sich vom Gros der Industrie in erster Linie dadurch unterscheiden, daß sie die typischen Maßnahmen rezessionsgeplagter Unternehmen nicht nur längst hinter sich haben, sondern diese Maßnahmen auch in guten Zeiten für ein normales Managementpensum

---
1 Vgl. „Der große Performancetest – Unternehmen des Jahres"; Manager Magazin, Hamburg 11/1992
2 Vgl. ARTHUR D. LITTLE LTD.: Managing through Recession; London 1993

halten: Sie steigerten in den achtziger Jahren kontinuierlich ihre Produktivität, indem sie sich auf die Fertigung und auf die Leistungen konzentrierten, bei denen sie einen deutlichen Know-how-Vorteil herausholen konnten, sie entschlackten laufend ihre Organisation und ihre Leistungsprozesse, sie rationalisierten ihre Produktpalette, um kostentreibende Komplexität zu vermeiden und ihre Marketinganstrengungen auf die erfolgversprechendsten Produkte und Leistungen zu lenken. Sie richteten ihre internen Leistungen und Prozesse so strikt wie irgend möglich auf die Anforderungen und Bedürfnisse der Kunden aus, sie erschlossen die günstigsten Bezugsquellen im Weltmarkt, und sie optimierten ihre Standorte nach Gesichtspunkten der Faktorkosten- und Logistikvorteile.

Sie internationalisierten ihr Geschäft bewußt und aktiv, um ihre Abhängigkeit vom deutschen und möglichst auch vom europäischen Markt zu reduzieren; die besten von ihnen schafften es, auch in Südostasien eine starke Stellung auszubauen.

Als die Rezession einsetzte, brauchten sie das alles nicht mehr nachzuholen. Sie hatten ihr Haus in Ordnung und konnten ihre Energie dafür einsetzen, ihre Produkte und Leistungen der Konjunkturlage entsprechend mit größtem Nachdruck zu vermarkten, das heißt in erster Linie, indem sie den Kundennutzen herausarbeiteten und gegenüber dem Konkurrenzangebot erhöhten und indem sie ihre Produktentwicklung entsprechend steuerten.

Die Schindler AG beispielsweise hatte bis Ende der achtziger Jahre alles, was den Charakter von Massenfertigung aufwies, an lohnkostengünstigen Standorten zusammengefaßt und für Komponenten mit hoher Wertschöpfung spezialisierte Werke jeweils am Standort der dazugehörigen Entwicklungsmannschaft geschaffen, von denen aus nun Europa und die außereuropäischen Märkte versorgt werden. Die Produktpalette von Fahrstuhl- und Fahrtreppensystemen wurde bereinigt, um die unnötige Teilevielfalt abzubauen und die Komponenten soweit wie möglich zu standardisieren und um das ganze Angebot auf modulare Bauweise auszurichten, die es insbesondere erlaubt, die Fertigstellung und Inbetriebnahme in den Neubauobjekten zu beschleunigen. Sehr zum Nutzen der Bauherren, die dadurch die Gebäude früher in Betrieb nehmen und schon in der letzten Bauphase Einnahmen generieren können. Gleichzeitig hatte die Schindler AG für ihre Mitarbeiter weltweit eine umfassende Qualifikationskampagne organisiert, durch die die Kompetenz, die Leistungsqualität und die Identifizierung der Mitarbeiter an allen Standorten mit „ihrem" Unternehmen gesteigert werden konnte.

Während andere Unternehmen auf vollen Touren, aber mit hohen Gemein- und Komplexitätskosten auf die Rezession zuschlitterten und häufig nur bei hoher Kapazitätsauslastung und „guten" Preisen noch Gewinne machen konnten, begann die Schindler AG im Jahr 1991 in weiser Voraussicht, Aufträge für Fahrstuhlanlagen bei großen Bürogebäude- und Shopping-Center-Vorhaben nur noch unter strikten Bedingungen anzunehmen: Vorkasse, genau terminierter Zahlungsplan und keine Preisnachlässe. Alfred N. Schindler, Vorsitzender des Konzernleitungs-Ausschusses der Schindler-Gruppe, selber im Verwaltungsrat einer großen Schweizer Bank, gilt als ein sicherer Witterer kommender Konjunkturtrends. Seine Faustregel: Wenn im Bau Überhitzung zu spüren ist, läßt der Rückschlag nicht mehr lange auf sich warten.

So ist denn auch eine der Ursachen der Rezession im westeuropäischen Ausland, insbesondere in England, Frankreich und Spanien, aber ebenso auch in den USA, die eskalierende Ausweitung der Immobilienspekulation für Büro- und Luxuswohnzwecke, für Shopping Centers und Tourismusanlagen gewesen, die zu Überkapazitäten, Finanzierungsfiaskos und schließlich zu massiven Wertberichtigungen führte.

1.2 War die Rezession vorauszusehen?

Über den konjunkturellen Schweinezyklus hinaus konnten deutsche Unternehmen vor zwei, drei Jahren ausmachen, daß sich die Umfeldbedingungen für sie substantiell verändern würden:

- Der für sie wesentliche und in der Vergangenheit stabile Ostmarkt brach zusammen.
  Es war früher nicht viel darüber gesprochen worden, aber der Comecon stellte für viele deutsche Unternehmen eine geschützte Pfründe dar – hier wurden längerfristige Verträge abgeschlossen und einträgliche Preise verdient, Jahr für Jahr; das galt besonders für Maschinen- und Anlagenbauunternehmen, für Unternehmen der Elektrotechnik, der Meß- und Regeltechnik und des Fahrzeugbaus.
- In den für deutsche Unternehmen besonders wichtigen westeuropäischen Märkten wie England, Frankreich, Italien, Holland, Spanien und Schweden ließen sich die Kapazitäten nicht mehr auslasten, stieg die Arbeitslosigkeit an und schrumpfte die Investitionstätigkeit rapide.
  Das gleiche geschah im US-Markt; damit waren zwei Drittel des deutschen Exportvolumens, das nach Westeuropa und USA ging, von der rezessiven Marktentwicklung betroffen.

– Die Sonderkonjunktur in den neuen Bundesländern resultierend aus einem durch Subventionierung genährten Nachholbedarf im Konsumgüterbereich und durch öffentliche Investitionen in die Infrastruktur, das heißt in Straßen, in das Fernmeldenetz, in Ver- und Entsorgungssysteme und in Verwaltungseinrichtungen, mußte durch eine zunehmende öffentliche Verschuldung finanziert werden und führte zwangsläufig zu Ausgabenkürzungen im öffentlichen Bereich in den alten Bundesländern.

Als die deutschen Exporte und Inlandsumsätze gegenüber der Boomphase erst einmal zurückgingen und das Wirtschaftswachstum sich nach der Sonderkonjunktur gegen Null bewegte, brach das Klagen und Stöhnen bei den Unternehmen aus, die wegen zu hoher Fixkosten, zu hoher Abhängigkeit von wenigen Marktregionen und zu einseitiger Produktpalette nicht anpassungsfähig genug waren – allen voran die Automobilhersteller (Volkswagen/Audi, Daimler-Benz) und ihre Zulieferer, gefolgt von den Zulieferern der Zulieferer, den Werkzeugmaschinenherstellern, den Kunststoffverarbeitern, den Chemieunternehmen.

Das alles spielte sich aber auf *hohem Sockel* ab: das deutsche Exportvolumen liegt im Jahr 1993 immer noch bei rund 650 Milliarden DM, und das Bruttosozialprodukt des wiedervereinten Deutschlands hat die Marke von 3.000 Milliarden DM überschritten. Fünf Jahre zuvor, als die Welt noch in Ordnung zu sein schien, exportierte die westdeutsche Wirtschaft für 540 Milliarden DM und lag das Bruttosozialprodukt der alten Bundesrepublik Deutschland bei 1.900 Milliarden DM. Es ist daher nicht etwa zu einem Absturz gekommen für die deutsche Industrie.

Das Problem für viele deutsche Unternehmen ist vielmehr vor allen Dingen, daß sie in den guten Jahren Fett angesetzt haben, Kostensteigerungen nicht konsequent genug bekämpft haben, weder in der Auseinandersetzung mit den Gewerkschaften noch mit den Zulieferern, den Kostenanstieg nicht ausreichend durch Produktivitätssteigerungen kompensierten, ihre operativen Strukturen und Prozesse nicht dem Wandel der Märkte, Produktanforderungen und Wettbewerber anpaßten – und eine Schlüsselfähigkeit vernachlässigten: *schnell und offensiv neue und erfolgreiche Produkte hervorzubringen.*

Warum?

Zum größten Teil, weil sie eingefahrene Bahnen nicht verlassen und statt dessen Konflikte, insbesondere an der Lohnfront und in den etablierten Organisationen, vermeiden wollten und sich in einer zum Teil erschreckenden Selbstgefälligkeit ergingen.

Noch 1991 sagte beispielsweise der Vorstandsvorsitzende eines der größten deutschen Unternehmen, das heute massive Verluste macht: „Wir haben zur Zeit alles im Griff. Wenn wir wieder einmal Hilfe brauchen, melden wir uns."

1.3 Auf die richtigen Prioritäten kommt es an

Wenn die deutschen Unternehmen, wie sie in den achtziger Jahren stolz immer wieder von sich gaben, ihren eigenen Weg zum Management gefunden hatten, wenn sie die Unternehmensstrukturen und die Führungskompetenz installiert hatten, um Effizienz und Innovationsfähigkeit sicherzustellen, dann wundert es schon sehr, daß wir heute überall von der Strukturkrise, der Innovationskrise und der Notwendigkeit des „Reengineering" der Unternehmensprozesse hören. „Lean Management" und „Process Reengineering" sind über Nacht zur Entdeckung vieler Führungskräfte geworden, als hätten sie die Effizienz- und Produktivitätssteigerungspotentiale vorher verschlafen.

Die Entdeckung kommt spät. Nur die auch in der Rezession erfolgreichen Unternehmen hatten sie, wie wir gesehen haben, nicht nötig. Diese Unternehmen brauchten sich nicht in Restrukturierungs-, Kostensenkungs- und Reengineeringvorhaben zu stürzen, deren große Gefahr darin besteht, daß sie die gesamte Aufmerksamkeit und Energie des Unternehmens für Monate nach innen lenken, weg von den Märkten und ihren besonderen, sich wandelnden Anforderungen, weg von den Kunden, weg vor allen Dingen von der Außenleistung des Unternehmens, die sich am konkretesten in seinen *Produkten* manifestiert. Gerade in einer Rezessionsphase wird daraus eine „self-fulfilling prophecy": Der Umsatz- und Ertragsrückgang tritt ein, und zwar mit Wucht.

Was die Unternehmen vollbringen, die die Rezession ohne schwerere Ertragseinbrüche durchstehen und in den meisten Fällen stärker als ihre Wettbewerber daraus hervorgehen, ist eine ungetrübte Hingabe an das Geschäft und an ihre Produkte und Leistungen.

Von 190 in Europa befragten Unternehmen gaben 70 % an, daß Vertriebsmanagement und Kundenorientierung sowie Kreativität und Management der Produktentwicklung die Bereiche sind, in denen Leistungssteigerungen den größten Nutzen für das Unternehmen bringen, dicht gefolgt von Qualitätsmanagement und Human-Ressourcen-Management[3]. Bei den deutschen und

---

3 Vgl. ARTHUR D. LITTLE: The Arthur D. Little European Survey on the High Performance Business; London 1993

Schweizer Unternehmen der Stichprobe (36 an der Zahl) lag das Votum für Vertriebsmanagement und Kundenorientierung sowie für Kreativität und Management der Produktentwicklung sogar bei 80 %.

Ebenso gaben 70 % der befragten Unternehmen an, daß sie Kundenorientierung für ihre größte Herausforderung halten, bei den deutschen und Schweizer Unternehmen sind es sogar nahezu 90 %, die Kundenorientierung als ihr größtes Problem einstufen, noch vor der Kostenreduzierung.

Die von uns als widerstandsfähig gegen Rezession identifizierten Unternehmen stammen aus der chemischen und pharmazeutischen Industrie, aus dem Maschinen- und Anlagenbau, aus der Elektronik, Informationstechnik, Telekommunikation, aus dem Fahrzeugbau, aus dem Bereich der langlebigen Konsumgüter und aus der Papierindustrie (nicht einbezogen haben wir Handel, Banken, Versicherungen und Nahrungs- und Genußmittel, es muß aber gesagt werden, daß einige Unternehmen aus diesen Branchen in den letzten Jahren mit zu den erfolgreichsten gehörten).

Die Erkenntnis, daß Unternehmen auch in schwierigen Zeiten ihren Erfolg sichern können, wenn sie den Handlungsschwerpunkt auf die Hervorbringung marktorientierter Produkte und Leistungen legen, ist also branchenunabhängig. Sie gilt für den Maschinenbau ebenso wie für die Konsumgüterindustrie, denn wir fanden ebenso viele erfolgreiche Maschinenbauunternehmen wie Unternehmen der pharmazeutischen Industrie, wie Fahrzeugbauer und Konsumgüterhersteller.

Was sie gemeinsam haben, ist das Management erfolgreicher Produkte als oberste Priorität: den Sinn und das Interesse für ihre Produkte bis in die oberste Führungsspitze, die marktorientierte Entwicklungskompetenz als eine der zentralen Führungsaufgaben, die geschickte Nutzung der Produkte und produktbezogenen Leistungen als Differenzierungs- und Wettbewerbsinstrument und – vor allen Dingen – die Fähigkeit, mit Produkten Kunden zu gewinnen, auch wenn die Kunden wählerischer, kritischer und knapper bei Kasse sind.

Denn während die vielen Ansätze zur Effizienzsteigerung zweifellos notwendig sind und von dauerhaft erfolgreichen Unternehmen auch laufend angewandt werden, sozusagen als Bestandteil der Unternehmenshygiene, so dürfen wir nicht aus den Augen verlieren, daß die interne Effizienz eines Unternehmens für die Kunden nur insofern von Interesse ist, als das bereitgestellte Produkt dadurch an Qualität, Nützlichkeit, Preiswürdigkeit oder Bedarfsgerechtheit gewinnt.

Die Gäste eines Restaurants wollen nichts von der Küche wissen, was für sie zählt, ist, was der Ober ihnen vorsetzt – und wie er es tut.

Was die Kaufentscheidung der Kunden, vor allen Dingen die wiederholte, mehr als alles andere bestimmt, ist das angebotene Produkt.

Daher können unternehmensinterne Kostensenkungs- und Reengineerings-Programme zwar Teilbereiche des Unternehmens effizienter machen, aber entscheidend muß immer die Frage sein: Wie wird davon die Fähigkeit des Unternehmens beeinflußt, die Kunden durch hervorragende Produkte zu gewinnen? Der diese Fähigkeit des Unternehmens bestimmende Leistungsprozeß ist der Kundennutzen-Optimierungsprozeß.

1.4 Optimierung des Kundennutzens – die entscheidende Leistung

Das Unternehmen vollzieht zur Abwicklung seines Geschäfts und zur Sicherung seiner längerfristigen Funktionsfähigkeit etwa neun funktionsübergreifende Leistungsprozesse, mit denen es die wettbewerbskritischen Erfolgsfaktoren erfüllt, mehr oder weniger gut, je nachdem, wie genau es diese Erfolgsfaktoren erkannt hat und seine Leistungsprozesse auf deren Erfüllung hin steuert.[4]

Diese Leistungsprozesse sind dadurch charakterisiert, daß sie die Teilleistungen mehrerer spezialisierter Funktionsbereiche aggregieren und in ihrer Gesamtheit die Leistung und das Erscheinungsbild ihres Unternehmens in den Augen der Kunden bilden, sozusagen das Menü auf dem Teller und den Auftritt des Obers, wenn er den Gästen gegenübertritt.

Das heute in einigen Unternehmen in Angriff genommene „Process Reengineering" hat dagegen in erster Linie mit der Küche zu tun und nimmt häufig auch den Ober so gefangen, daß die Gäste sich als mit zweiter Priorität behandelt fühlen. Nur wenn auch sie sich für die Funktionalität der Küche begeistern lassen, werden sie wiederkommen und das standardisierte, rationeller gefertigte Menü hinnehmen, das, wenn sie Glück haben, auch etwas billiger geworden ist als das bisherige. Daß der Preis eine so wichtige Rolle

---

[4] Vgl. TOM SOMMERLATTE, EBERHARD WEDEKIND: Leistungsprozesse- und Organisationsstruktur; in: Arthur D. Little (Hrsg.): Management der Hochleistungsorganisation; Wiesbaden 1990

spielt, wird ihnen unter Umständen erst durch die Offenlegung der Probleme in der Küche bewußt oder suggeriert.

Der *entscheidende* Effekt der Hinwendung zu den aggregierten, differenzierungsfähigen Leistungsprozessen im Unternehmen ist nicht die Rationalisierung (obwohl durch Beseitigung von Schnittstellenproblemen zwischen den einzelnen Funktionsbereichen viel unnötiger Aufwand und viele Reibungsverluste vermieden werden können), sondern die Steigerung der Wirksamkeit der Unternehmensleistung *nach außen*.

Von diesen Leistungsprozessen (siehe Abbildung 1-1) ist der *Kundennutzen-Optimierungsprozeß* der in vielen Unternehmen am meisten vernachlässigte, gleichzeitig aber derjenige, der die Existenzberechtigung und Überlebensfähigkeit der Unternehmen am stärksten begründet.

Denn Marktkommunikation, Produkt-/Leistungsbereitstellung, Logistik und Service, Auftragsabwicklung und erst recht Rentabilitäts- und Liquiditätssicherung, Kapazitätssicherung, Strategieplanung und Personalschulung und -motivation machen nur Sinn, wenn das zentrale Ding, nämlich das Produkt (oder die Dienstleistung) „stimmt".

Dieses „Stimmen" wird heute von zu vielen Führungskräften einfach vorausgesetzt und an die Forschung und Entwicklung delegiert, und auf dem Rücken fragwürdig konzipierter und gestalteter Produkte/Leistungen werden dann die Gemeinkosten, die Fertigungskosten, die Logistik und der Vertrieb durchrationalisiert, insbesondere in Rezessionszeiten wie im Augenblick.

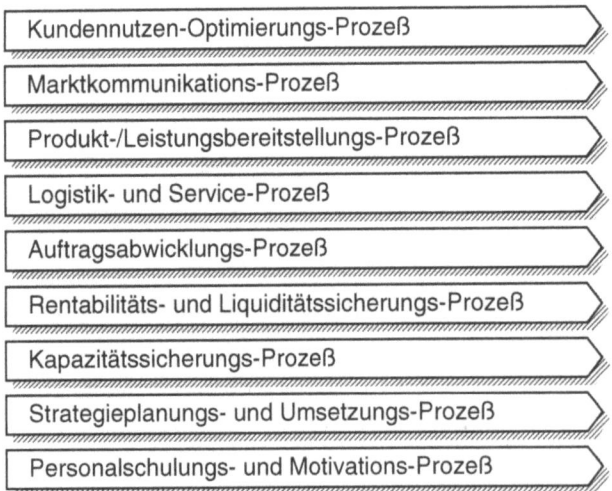

Abbildung 1-1: Die entscheidenden Leistungsprozesse im Unternehmen

Aber Achtung: Die Produkte tragen häufig das Gebäude nicht, sie reißen nicht vom Hocker – mit ihnen läßt sich der rezessionsgestimmte Kunde nicht hinterm Ofen hervorlocken.

Schauen wir uns den Kundennutzen-Optimierungsprozeß einmal genauer an. Es handelt sich nicht um den Entwicklungsprozeß, nicht um den Produktdefinitionsvorgang, nicht um das Projektmanagement in der Forschung und Entwicklung allein, auch nicht um Marktforschung oder Vertriebsargumentation. Alle diese Teilprozesse und Teilleistungen im Unternehmen, die unter getrennter Verantwortlichkeit gemanagt werden, sind nur Beiträge zur eigentlichen, zur aggregierten Leistung des Unternehmens: der Optimierung des Kundennutzens und des Wettbewerbsvorsprungs durch erfolgreiche Produkte.

Die Produktentwicklung muß als ein in einen Prozeß der Erhöhung des Kundennutzens eingebetteter Teilprozeß gesehen werden. Der aggregierte Kundennutzen-Optimierungsprozeß besteht bei genauerer Analyse aus mindestens sechs Teilprozessen, die insgesamt erst die marktrelevante Leistung des Unternehmens ausmachen:

- Teilprozeß 1:
  Identifikation von Defiziten des Kundennutzens bei bestehenden Produkten und Leistungen

- Teilprozeß 2:
  Bewertung der Technologie- und Marktstärken des Unternehmens, mit denen ein erhöhter Kundennutzen entwickelt werden kann

- Teilprozeß 3:
  Definition und Durchführungsplanung eines Entwicklungsvorhabens, das heißt Festlegung von Zielvorgaben, Zuordnung von Ressourcen und Abschätzung des Zeitrahmens

- Teilprozeß 4:
  Steuerung des Entwicklungsvorhabens entsprechend dem potentiellen Beitrag zu einer Marketingstrategie und zur Erreichung des Kundennutzens

- Teilprozeß 5:
  Überführung in die Fertigung und in das Vertriebsprogramm

- Teilprozeß 6:
  Sicherstellung der geplanten Marktpenetration und Amortisation der Entwicklungsaufwendungen.

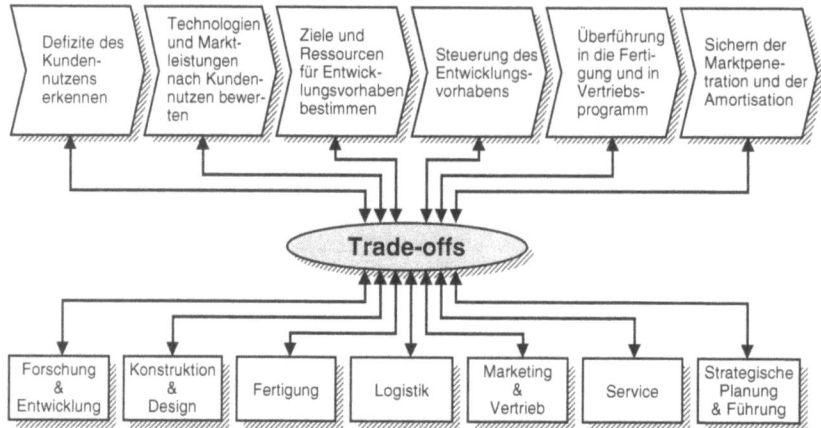

Abbildung 1-2: Der Kundennutzen-Optimierungsprozeß involviert alle Funktionsbereiche des Unternehmens

Der Kundennutzen-Optimierungsprozeß involviert so alle Funktionsbereiche des Unternehmens (siehe Abbildung 1-2) und damit nahezu alle Mitarbeiter.

In dauerhaft erfolgreichen Unternehmen steht dieser Prozeß ungetrübt so im Mittelpunkt, daß er das verbindende, motivierende und loyalitätserzeugende Medium ist, über das das Unternehmen seine Identität erhält und seine Aktivitäten bestimmt, insbesondere auch in schwierigeren Zeiten.

Die Siemens AG setzte sich in den zwanziger Jahren als Unternehmen der Elektrotechnik unter anderem deswegen durch, weil es Pionierarbeit bei der Entwicklung und Anwendungen von Kabeln leistete.

Ein wichtiges Geschäft war die Verlegung von Seekabeln, und Werner von Siemens stand selber an Bord des Schiffes, das die Fernmeldekabel von Spanien nach Nordafrika auf den Grund des Mittelmeeres senkte, getragen von der Überzeugung, daß es gehen müßte, auch als bei starkem Seegang mehrmals die Gefahr entstand, daß das Kabel reißen würde.[5] In dem Fall hätte die Existenz des Unternehmens Siemens auf dem Spiel gestanden. Die Identifikation der Führungsspitze mit technischer Pionierleistung und Unternehmermut, die durch den an Bord eines kabelverlegenden Frachters stehenden Werner von Siemens vermittelt wird, fehlt heute vielen deutschen Unternehmen, könnte aber auch heute ihre besondere Stärke sein.

---

[5] Vgl. WILFRIED FELDENKIRCHEN: Werner von Siemens: Erfinder und internationaler Unternehmer; Berlin/München 1992

Das Management erfolgreicher Produkte, wie es seit Jahren BMW, die Linde AG, die Wella AG, die Linotype-Hell AG und die Dürr Beteiligungs AG in Deutschland, Hewlett-Packard, Intel, Microsoft, Sun Microsystems und Harley-Davidson in den USA sowie Canon, Honda und Sony in Japan vormachen, ist kein neues Patentrezept, sondern muß einer dauerhaften Überzeugung entspringen, daß Wettbewerb im Endeffekt Produktwettbewerb ist.

„Wenn wir neue Produkte brauchen, ist es wie bei der Elefantenbegattung – es findet viel Posaunen und Trampeln statt, aber dann müssen wir eine Ewigkeit warten, bis etwas hervorkommt. Alles andere können wir organisieren und managen – nur nicht die Kreierung neuer Produkte", sagte kürzlich der Vorstandsvorsitzende eines großen deutschen Konzerns.

So gaben 75 % der europäischen Führungskräfte in der zuvor zitierten Befragung zu, daß „die Attraktivität ihrer neu entwickelten Produkte für die Kunden zu wünschen lasse", daß ihre Unternehmen Probleme hätten, „Produkte zu entwickeln, die leicht herzustellen, zu verkaufen und zu warten sind", und daß sie „zu viel Zeit verlieren, ihre neuen Produkte von der Konzeptphase bis zur Markteinführung voranzutreiben".

Dabei ist erwiesen, daß nur Produkte mit von den Kunden deutlich erkannten und anerkannten Vorteilen ihren Unternehmen überdurchschnittliche Umsätze und Erträge bringen.

„Auch ein blindes Huhn findet gelegentlich ein Korn", lautet ein Sprichwort, das die vorübergehende Erfolgssträhne so manchen Unternehmens erklärt: Ohne die Produktentwicklung besonders geplant zu haben, ohne bewußt über den Kundennutzen nachgedacht zu haben, bringen manche Unternehmen plötzlich einen Renner hervor, ein Produkt, das durch seine Leistungsmerkmale, sein Design, sein „Timing" einen Vorsprung vor den Wettbewerbsprodukten und einen deutlichen Vorteil in den Augen der Kunden bietet. Der Umsatz erreicht ungeahnte Höhen – aber die Unternehmen sind selten in der Lage, den Erfolg zu wiederholen. Bei genauerem Hinsehen war der Prozeß, der zu dem erfolgreichen Produkt führte, ein eher chaotischer, jedenfalls kein nachahmenswertes Beispiel eines Kundennutzen-Optimierungsprozesses. Manche Managementtheoretiker und viele Führungspraktiker leiten daraus den Schluß ab, daß die Hervorbringung erfolgreicher Produkte eigentlich gar nicht gemanagt werden kann.

Es ist ein Trugschluß!

Denn von zehn chaotisch oder nahezu chaotisch entstandenen neuen Produkten sind neun ein Flop, sowohl innerhalb des einzelnen Unternehmens als auch in einer Industrie insgesamt. Bei den zunehmenden Kosten der Produktentwicklung „rechnet" sich dieses Vorgehen heute in den meisten Fällen einfach nicht mehr.

Vor zehn erfolgreichen Produkten werden heute noch neun zu aufwendig entwickelt und in den Markt eingeführt.

Honda beispielsweise braucht ein Drittel weniger Zeit und Aufwand als typische westeuropäische Automobilhersteller, um ein erfolgreiches neues Modell auf den Markt zu bringen. Das ist ein systematischer Vorteil, der nichts mit chaotischer Produktentwicklung zu tun hat, sondern mit Strategie.

Der zweite Aspekt dieser produktorientierten Strategie ist überlegene Qualitätsgarantie. Es stimmt zwar, was die Tarp Corporation in einer Untersuchung herausfand, daß Unternehmen, die prompt und großzügig auf Kundenbeschwerden reagieren, über 80 % der reklamierenden Kunden für sich „retten"[6]. Aber eine andere Untersuchung zeigt die Schattenseite dieser Qualitätsstrategie auf: Nur 30 % der unzufriedenen Kunden reklamieren überhaupt, die anderen „desertieren" stillschweigend[7]. So verlieren die meisten Unternehmen Jahr für Jahr 15 bis 20 % ihrer Kunden aufgrund ihrer in die Welt gesetzten Produkte.

Wenn sie die Verlustrate um die Hälfte senken könnten, so würden sie typischerweise ihre jährliche Wachstumsrate verdoppeln, ohne einen neuen Kunden hinzugewinnen zu müssen.

1.5 Das Produkt – Drehpunkt der Interessen

Warum, so fragten sich die Management- und Technologieexperten von Arthur D. Little, nehmen so viele Unternehmen das Management ihrer Produkte so wenig ernst?

Die Antwort, die wir aus zahlreichen Gesprächen und Befragungen ableiten, ist konsternierend: Viele Unternehmensführer bezweifeln zutiefst, daß Produktentwicklung und Produktmanagement eine zentrale Herausforderung an ihr Unternehmen darstellen, sie überbetonen die Kostenproblematik, und sie wollen den von ihnen geschaffenen Status quo nicht antasten.

---

6 Vgl. N. RICKARD: Creating Customer Satisfaction; The Conference Board, New York 1990
7 Vgl. F. REICHHELD, W.E. SASSER JR.: Zero Defections: Quality Comes to Services; in: Harvard Business Review; September/October 1990

Noch im Juni 1991 sandte der ehemalige Chairman von IBM, John Akers, ein Memorandum an alle IBM-Mitarbeiter, in dem er eine Aussage seines legendären Vorgängers, Thomas J. Watson Jr., aus dem Jahr 1946 wiederholte: „Mir wird in meinem eigenen Beobachtungsfeld immer klarer, was wahrscheinlich für das Unternehmen insgesamt gilt, daß der durchschnittliche IBM-Mitarbeiter den Blick für die eigentliche Daseinsberechtigung des Unternehmens verloren hat. IBM existiert, um seinen Aktionären eine Rendite auf das eingesetzte Kapital zu erwirtschaften."

Akers wiederholte diesen Ausspruch, weil er glaubte, damit etwas Überzeugendes zu sagen. Er selber zweifelte nicht daran, im Dienst der Aktionäre zu stehen. Aber Akers schaffte es nicht, damit die IBM-Mitarbeiter zu begeistern.

Und die IBM-Kunden? In Akers Vorstellung war deren Zufriedenheit zwar ein Maß des Unternehmenserfolgs. Aber die Rolle der IBM-Produkte bei der Zufriedenstellung der Kunden war in Akers Definition verlorengegangen.

Er unterminierte mit seiner Botschaft das Engagement, das die IBM-Mitarbeiter jahrzehntelang für ihre Produkte und Systeme empfunden hatten. Sie verlagerten denn auch ihre Aufmerksamkeit zunehmend auf den Ausgleich zwischen den Interessen der Aktionäre und ihren eigenen. Die Interessen der Kunden gerieten dabei immer mehr ins Hintertreffen, bis sie sich von IBM emanzipierten und es schließlich die Aktionäre der IBM waren, die das Nachsehen hatten.

Eine der Interessengruppen eines Unternehmens, seien es die Eigner, die Kunden oder die Beschäftigten, überzubetonen, führt zu einem Ungleichgewicht, das schließlich das Unternehmen selbst gefährdet.

Woran können sich die Interessengruppen aber besser orientieren als an dem Erfolg der Produkte des Unternehmens?

Denn umgekehrt wird ein Schuh daraus: IBM existiert, um Lösungen der Informationsverarbeitung zu entwickeln und bereitzustellen, die den Kunden helfen, ihr Geschäft oder ihre Aufgaben vorteilhaft zu bewältigen. Je mehr sie das tun, um so zufriedener und loyaler werden die Kunden sein, um so mehr berufliche Befriedigung und materielle Anreize werden daraufhin für die Mitarbeiter entstehen, und um so rentierlicher wird die Kapitalanlage für die Aktionäre sein.

Auf ähnliche Weise richten heute viele Führungskräfte die Aufmerksamkeit in ihren Unternehmen nicht auf die richtigen Dinge. Die Rentabilität muß wegen Umsatzrückgang im rezessiven Marktumfeld durch mehr oder weniger drastischen Kosten- und Stellenabbau angehievt werden (nachdem sie in den meisten Fällen erst einmal erschreckend rapide in den Keller fiel), dadurch entstehen Verunsicherung und Absicherungsverhalten bei den Mitarbeitern, und häufig werden die Chancen im Markt nicht mehr mit der nötigen Aufmerksamkeit, Kundennähe und Kreativität verfolgt.

„Was wir ja nun wirklich beherrschen, sind unsere Technologien und Produkte", sagte kürzlich der Vorstandsvorsitzende eines deutschen Maschinenbauunternehmens. Nur stellte sich dann heraus, daß das Management der Entwicklungsvorhaben an Projektleiter auf der dritten Ebene delegiert war, die sich gegenüber den Fachabteilungen nicht durchsetzen konnten, aus denen sie die Mitarbeiter ihrer Projektteams „entliehen" – sie waren Bittsteller ohne Vollmachten und Kompetenzen und ohne Rückendeckung durch die Unternehmensleitung.

Es stellte sich ferner heraus, daß die Produktmanager nichts als bessere Marktforscher waren, die nur Daten zusammentrugen und Theorien über die Marktentwicklung aufstellten, aber weder Durchgriff auf die Vertriebsmannschaft noch das Ohr der Entwicklungsabteilung hatten.

Die Maschinen dieses Unternehmens waren überperfektioniert, in bezug auf die sogenannte Benutzeroberfläche nicht durchdacht und zu teuer. Auch war gar nicht sicher, ob das Unternehmen die sich anbahnenden technischen Trends richtig erkannt hatte. Diese Probleme waren dem Vorstandsvorsitzenden nicht bewußt, weil er darauf vertraute, daß die Vorstände Technik und Marketing/Vertrieb die Produkt- und Marktseite im Griff hatten. Die beiden sprachen aber schon seit einiger Zeit nur noch selten miteinander. Gemeinsam beklagten sie nur die hohen Lohnkosten in Deutschland, nicht ins Kalkül mit einbeziehend, daß die Lohnkosten nur 15 % der Kostenstruktur der Produkte ausmachten.

So ist es in vielen Unternehmen in den letzten Jahren zu einer Verzerrung des Problemverständnisses gekommen: Es wird über den Standort Deutschland mit seinen hohen Lohn- und Sozialkosten geklagt, aber die Möglichkeiten einer Vorwärtsstrategie werden nicht überprüft, und dieser Führungsmangel wird bestritten.

Daß die Kostenproblematik heute so in den Vordergrund gerückt ist, steht im völligen Widerspruch zu dem Gebahren vieler Unternehmen in den letzten zehn Jahren, die glauben machen, sie seien den Effizienzsteigerungspotentialen kräftig zu Leibe gerückt, mit Gemeinkostenwertanalysen, Rationalisierungsprojekten in der Fertigung und Logistik und strafferer, kompetenter Führung.

1.6 Sind wir richtig organisiert?

Heute stellt sich heraus, daß die Kostennachteile deutscher Unternehmen, die ja tatsächlich im internationalen Wettbewerb bestehen, zum größten Teil intern verursacht werden. Funktionale Spezialisierung, fragmentierte Organisationseinheiten und sequentielle Ablauforganisationen haben in vielen Unternehmen im Zuge ihres Wachstums zu einem Besitzstanddenken geführt, das die unzweifelhaften Vorteile der arbeitsteiligen Vorgehensweise annulliert.

Jede der Organisationseinheiten in einer stark arbeitsteiligen Struktur denkt in erster Linie an die Absicherung ihres Teilbeitrags, der für sie zum Lebensinhalt wird, noch dazu, wenn an den Übergangsstellen zu anderen Organisationseinheiten Rivalitäten und die Gefahr von Schuldzuweisungen bestehen. In einem geradezu pathologischen Drang suchen die Mitglieder der einzelnen Organisationseinheit „ihren" eineindeutigen „Boss", damit klare Verhältnisse herrschen: Er hat das Sagen, die Verantwortung und die Macht, zu befördern oder zu kritisieren. Seine Stellung wiederum ist um so gefestigter, je größer seine Mannschaft ist, je geschlossener sie auftritt (was sie aber auch um so verschlossener für andere macht) und je stabiler ihre Routine ist. Eigene Verhaltensweisen oder gar -regeln, eigene Sprachgewohnheiten und Fachausdrücke und ein hochgejubelter Spezialistenstolz machen solche Organisationseinheiten zu Festungen im Unternehmen, die im Endeffekt die Kosten allmählich nach oben gehen lassen, denn jede zusätzliche Absicherung, jeder festgeschriebene Übergabeformalismus, jede Stellenbeschreibung verringert die Flexibilität, die Kooperationsbereitschaft und die Bereitschaft, die alles entscheidenden funktionsübergreifenden Leistungsprozesse des Unternehmens insgesamt zu optimieren.

Während dieser Effekt in stabilen Massenproduktionen nur ein schleichender ist, durch den der Breakeven-Punkt allmählich nach oben wandert – kaum bemerkt, wenn die Konjunktur eine hohe Kapazitätsauslastung zuläßt –, macht er sich in einem dynamischen Umfeld sehr schnell durch Flexibilitätsverlust, Verkümmerung der Innovationsfähigkeit und umständliche, aufwendige Abstimmungsprozesse bemerkbar. Hierdurch entsteht die „Elefantenhochzeit", die der vorher zitierte Vorstandsvorsitzende bei der Initiierung von größeren Entwicklungsvorhaben in seinem Unternehmen beobachtet.

Denn die Hervorbringung von erfolgreichen Produkten ist ein sehr dynamischer Prozeß, der, wenn er strikt und sequentiell organisiert ist, scheitern muß. Das Besondere an ihm ist gerade die multilaterale Kommunikation, die simultane Bearbeitung unterschiedlicher Fragestellungen und der experimentelle Ansatz. Was die Kunden wollen, was der Wettbewerb tut, welche technologischen Entwicklungen sich durchsetzen werden, kann nicht durch unternehmensinterne Verhandlungen und Machtpositionen bestimmt werden – hier muß das Unternehmen als Team agieren, hier muß offen und schnell kommuniziert werden, hier dürfen keine Besitzstände den Weg versperren.

So geht es beim Management erfolgreicher Produkte zwar darum, spezialisiertes Know-how vorzuhalten, wie es in Fachabteilungen kultiviert werden kann, und eine zuverlässige Systematik der Aufgabenbearbeitung sicherzustellen, um Duplizierung von Leistungen zu vermeiden, Teile effizient zu einem Ganzen zusammenfügen zu können und aus Erfahrung zu lernen, aber gleichzeitig geht es auch darum, vorhabenorientierte Teams aus den unterschiedlichen Funktionsbereichen zusammenzuschweißen, die ohne Hierarchie und Abteilungsabgrenzungen arbeiten.

Entwicklungsvorhaben müssen wie ein Mannschaftsspiel bearbeitet werden, bei dem alle Mitarbeiter ständig die Gesamtkonstellation auf dem Spielfeld im Auge haben, die eigenen Positionen und die des Gegenspielers, und sich in Eigeninitiative immer wieder neu positionieren – motiviert in erster Linie vom Sieg der Mannschaft.

In vielen deutschen Unternehmen sind Entwicklungsvorhaben aber eher wie ein Stafettenlauf organisiert, bei dem der Stab sequentiell von einem zum anderen übergeben wird – einige Läufer starten los, ehe sie den Stab in der Hand haben, andere lassen sich Zeit und verlieren Zeit, nachdem sie den Stab übernahmen. Der Stab symbolisiert hier Informationen, die sich ständig verändern durch Hinzugewinn von Erkenntnissen und Ergebnissen, aber leider auch durch Vorurteile, Mißverständnisse, Fachidiome und Nachlässigkeit. Anders als im Mannschaftsspiel akkumulieren sich die Verzerrungen bis zum bitteren Ende.

Deutsche Unternehmen haben sich in die hierarchische und funktionale Erstarrung erst in den letzten zwei, drei Jahrzehnten hineinbewegt, allen voran die Volkswagen AG, aber auch die Daimler-Benz AG. An sich ist das kämpferische Mannschaftsspiel eher typisch für sie gewesen. Denn die Kriegs- und Nachkriegsjahre seit dem zweiten Jahrzehnt dieses Jahrhunderts erforderten immer wieder Improvisation, Zusammenwirken, Durchsetzungsvermögen und Ideenreichtum. Zudem ermöglicht die in Deutschland in einzigartiger Weise etablierte Facharbeiterausbildung einen qualifizierten Dialog über mehrere Führungsebenen und Fachbereiche hinweg.

Erst die zunehmende Saturiertheit und Visionslosigkeit der Wohlstandsgesellschaft bescherte uns das oberflächliche Besitzstanddenken, bei dem jeder glaubt, sich seine Egoismen ohne Schaden leisten zu können: Die Designer „designen", ohne allzu große Rücksicht auf die Fertigungsmöglichkeiten zu nehmen, die Entwickler entwickeln, ohne sich vom Markt und Wettbewerb über Gebühr unter Druck setzen zu lassen, die Vertriebsmitarbeiter fordern neue und immer kostengünstigere Produkte schon morgen (an die sie aber häufig gestern selber noch nicht gedacht hatten), ohne zuzugestehen, daß Entwicklungsvorhaben Jahre dauern und Modifikationen bei laufenden Projekten viel Geld kosten.

Das ist auch das Syndrom vieler US-amerikanischer Unternehmen, wie Kim Clark und Takahiro Fujimoto es charakterisieren.[8]

Angesichts der in den USA dramatisch angestiegenen Produktivitäts- und Effizienzprobleme wurden dort zwei verführerische Tendenzen sichtbar: die Rückkehr zu klaren Machtstrukturen mit entschlossenen und nicht lange fackelnden Machern und die Zerschlagung traditioneller hierarchischer und funktionaler Strukturen.

Beide Tendenzen werden zu einem unangenehmen Erwachen führen.

Denn der mächtige Unternehmensführer braucht Befehls- und Kontrollkanäle und muß eine ihn in der Regel überfordernde Integrationsaufgabe erfüllen, die um so schwieriger wird, je dynamischer die Veränderungsprozesse sind. Er erzieht seine Mitarbeiter dazu, Konflikte nach oben zu delegieren, ohne jedoch selber über die für seine Entscheidungen erforderlichen Informationen und Kompetenz verfügen zu können. Es entsteht die Linienorganisation, die einem Hang von Menschen gerecht wird: dem Verlangen nach Eineindeutigkeit, nach Entlastung von Ungewißheit und Verantwortung. „Up the chimney" wird die daraus resultierende Berichtsstruktur in der amerikanischen Automobilindustrie genannt. Die Kommunikation von „chimney" zu „chimney" wird zum Bestandteil eines meistens stillschweigenden Machtkampfs zwischen den Funktionsbereichen.

Mit neueren Ansätzen wie Total Quality Management wurde versucht, die Kooperation zwischen Bereichen durch die Einführung des Kunden-Lieferanten-Konzepts innerhalb der Organisation zu verbessern. Das ist ein gefährlicher Versuch, denn er verfestigt die Vorstellung von sequentiellen Ablauffolgen, und er impliziert, daß an den Schnittstellen darüber verhandelt werden kann oder sogar muß, welchen „Preis" der unternehmensinterne Lieferant für welche Leistung erhält.

---

8 Vgl. KIM CLARK, TAKAHIRO FUJIMOTO: Product Development Performance (Strategy, Organization & Management in the World Auto Industry); Harvard Business School Press, Boston 1991

Das Management erfolgreicher Produkte klappt aber nur, wenn alle Mitarbeiter im Unternehmen nur *einen* Kunden kennen – den Kunden des gemeinsam bereitgestellten Produkts. Zu dessen erfolgreicher Bereitstellung müssen sie bereit sein, einseitig Opfer zu bringen, Schwächen anderer auszugleichen und sich uneigennützig zu helfen, wie es in einer Partnerschaft oder Mannschaft üblich ist.

Durch das andere Extrem, nämlich die völlige Zerschlagung traditioneller Organisationsstrukturen und ihrer unterstützenden Systeme und die Schaffung eines Pools von Ressourcen, die nach Prozessen zusammenwirken, wird „das Kind mit dem Bade ausgeschüttet".

Denn Überlegenheit einer Organisation resultiert aus dem Vorhandensein von besonderen Stärken, die schlagkräftig und zielgerichtet zusammenwirken. Die Stärken weiterzuentwickeln und zu vertiefen, wird durch Spezialisierung und spezifische Entwicklung und Befruchtung erleichtert, die organisiert sein muß. Das ist der Sinn der Funktionsbereiche eines Unternehmens.

Aber gleichzeitig muß klar sein, daß das *Zusammenwirken* der spezialisierten Funktionsbereiche eher noch wichtiger ist als die Stärke der einzelnen Funktionsbereiche. Und das Zusammenwirken darf nicht die Form eines internen Debattierclubs annehmen, sondern muß nach außen gerichtet sein, muß sich an dem orientieren, was das Unternehmen produziert: dem Produkt für den Kunden.

Der Kundennutzen-Optimierungsprozeß muß daher die Querverbindung sein, die die Mitarbeiter aus der funktionalen Organisationsstruktur vorhabenbezogen zu schlagkräftigen Mannschaften für die Aktion nach außen konfiguriert.

Anhang zu Kapitel 1:

1. Weiße Raben in England

Englische Unternehmen mit einem Umsatz von mehr als 250 Millionen DM, die 1989/1990 und 1990/1991 ein Ertragswachstum von mehr als 15 % pro Jahr und 1991/1992 noch mehr als 11 % erzielten.[1]

Nahrungsmittelhersteller:
Northern Foods

Lebensmittel-Einzelhandel:
Park Foods
William Morrison
Brake Brothers
Argyll Group
Geest
Kwik Save
Watson and Philip

Einzelhandelsketten:
Lloyd Chemists
Bodyshop International
Amberday
T & S Stores

Brauereien und Spirituosenhersteller:
H.P. Blumer
Guiness
Scottish & Newcastle

Maschinen- und Anlagenbau:
Weir
TT
Victaulic
Vosper Thorneycroft

Motorenhersteller:
Kwikfit

Papier- und Verpackungsmaterialien:
De La Rue

Metallverarbeitung:
Johnson Matthey

Pharmazeutische Industrie:
Smithkline

Transport:
Tibbett & Britten

Dienstleistungen:
Rentokil
Serco
Hays

Medien:
Blenheim Group

Freizeitindustrie:
Hi-Tech-Sports
Airtours

---

1 Vgl. ARTHUR D. LITTLE LTD.: Managing through Recession; London 1993

Wasserversorgung:
Wessex Water
Northumberland Water
Yorkshire Water
Thames Water
North West Water
Welsh Water
Severn Trent
Southern Water
Anglian Water
Southwest Water

Elektrizitätsversorgung:
Norweb
Manweb
Seeboard
Scottish Hydroelec

National Power
Powergen
South Wales Elec
Northern Elec
Midlands Elec
South Western Elec
Southern Elec
East Midland Elec
London Elec

Konglomerate:
Tomkins
Wassall

Verschiedenes:
Silentnight (Möbel)
Rothmans (Tabak, Luxusartikel)

2. Weiße Raben in Deutschland

Ausgewählte deutsche Unternehmen, die in den Jahren 1989 bis 1992 eine durchschnittliche Eigenkapitalrendite von mindestens 20 % und ein durchschnittliches Umsatzwachstum von mindestens 5 % erzielten:

Maschinen- und Anlagenbau:
Krones
Sabo
GEA
Dürr Beteiligungen
Linde
Pfleiderer
Jungheinrich
Viag
Hermle

Papier- und Verpackungsmaterialien:
Schmalbach-Lubeca
Herlitz

Metallverarbeitung:
Buderus
Rheinmetall

Pharmazeutische Industrie:
Schering

Chemische Industrie:
Cassella
Goldschmidt
Merck Darmstadt

Keramik:
Keramag

Glas:
Gerresheimer Glas

Kunststoff/Gummi:
Phoenix
Simona
Ehlebracht

Textil/Bekleidung:
Jil Sander
Boss
Hirsch
Gerry Weber
Ahlers

Kosmetik:
Wella

Hausgeräte:
Bosch-Siemens Hausgeräte

Elektro/Elektronik:
Braun
Rheinelektra
Macrotron
Linotype Hell
Signalbau Huber

Dämmstoffe:
Grünzweig + Hartmann

Fahrzeugbau:
Audi

Feinmechanik:
Kromschröder

Büromaterialien:
Edding

Software:
SAP

Verlagswesen:
Bertelsmann

Elektrizitätsversorgung:
RWE

EBM:
Mauser Waldeck

Zweites Kapitel

Die Dynamik des Produktwettbewerbs[1]

---

[1] In Anlehnung an: JEAN-PHILIPPE DESCHAMPS, P. RANGANATH NAYAK: Lessons from Product Juggernauts; in: Arthur D. Little, Prism „Competing through Products", Second Quarter 1993

Was „große" Unternehmen von den „ferner liefen" unterscheidet, ist die Tatsache, daß sie durchschlagende Produkterfolge zu verzeichnen hatten oder haben.

Einige von ihnen bringen eine ununterbrochene Folge von erfolgreichen Produkten hervor, die den Kunden einleuchten, von ihnen begehrt werden und den Unternehmen hohe Gewinne bescheren. Sie halten die Innovation in ihrer Branche auf Trab.

Die „ferner liefen" bringen häufig Me-too-Produkte auf den Markt, die magere Ergebnisse erzielen und unscheinbar bleiben.

In den auf Produkterfolg getrimmten Unternehmen (wie Hewlett-Packard, Intel, Microsoft, Sun Microsystems, Rubbermaid und seit einiger Zeit auch wieder Ford und Harley-Davidson in den USA, wie Canon, Sony oder Honda in Japan, wie die Linde AG, die Braun AG, die SAP, die Bosch-Siemens Hausgeräte, die Wella AG, die Jungheinrich AG, die Linotype-Hell AG, BMW, der Siemens-Unternehmensbereich Kommunikationstechnik und einige andere deutsche Unternehmen mehr) stehen die Produkte im Mittelpunkt des Denkens, der Diskussionen und der Arbeit. Investitionen dienen im Bewußtsein aller in erster Linie dem Erfolg der angebotenen Produkte, und Wettbewerb ist in erster Linie Produktwettbewerb.

In diesen Unternehmen werden Produkte nicht als Massenware gesehen, mit denen man keine Differenzierung mehr herausholen kann.

Die Vorstellung von Commodity-Produkten, bei denen nur noch der Preis zählt, ist eine irreführende Simplifizierung, die sich aber in den Köpfen vieler Führungskräfte, Strategen und Verkäufer festgesetzt hat und zu einer „self-fulfilling prophecy" wird – das heißt, zu reinem Preiswettbewerb führt.

Selbst in weiten Bereichen der Grundstoffindustrie wie Zement, Kunststoffe, Düngemittel, Glas, Metalle und Industriegase kann das angebotene Produkt mehr oder weniger stark den Charakter eines differenzierungsfähigen Produkts haben, wenn als „Produkt" nicht nur die physische Substanz verstanden wird, sondern Logistik, Service, Entsorgung, Beratung oder Verfahrenstechnik mit „verkauft" werden können.

Bei intensivem und kreativem Bemühen und genauer Kenntnis der Kundensituation findet ein Anbieter in der Mehrzahl der Fälle einen Weg, um sein Angebot von dem des Wettbewerbs vorteilhaft zu differenzieren. Die Kosten dafür sind in der Regel wesentlich geringer als die Kosten eines Commodity-Preiskampfes.

Unternehmen, die davon ausgehen, daß ihr Produkt in jedem Fall differenzierungsfähig ist und dadurch einen einmaligen Nutzen für die Kunden darstellen kann, finden einen von mehreren Wegen, um die Dynamik des Produktwettbewerbs zu ihrem Vorteil anzuheizen:

- Produktwettbewerb durch Proliferation,
- Produktwettbewerb durch neue Dimensionen der Wertschöpfung,
- Produktwettbewerb durch Design,
- Produktwettbewerb durch Innovation,
- Produktwettbewerb durch Service.

Sehen wir uns diese Strategievarianten des Produktwettbewerbs einmal genauer an.

2.1 Produktwettbewerb durch Proliferation

Paradebeispiele für Unternehmen, die heute ihre Position durch eine Proliferationsstrategie ausbauen, sind Rubbermaid im Markt für Haushaltsartikel, Casio und Hewlett-Packard bei Taschenrechnern, Honda bei Motorrädern und Sony im Markt für Audio-Konsumelektronik. Sie verfolgen systematisch die risikoreiche, aber auch mit einem hohen Erfolgspotential behaftete Strategie, den Kunden in ihrem Produktsegment die breiteste Auswahl von Produktvarianten zu bieten und die Wettbewerber durch eine Lawine von Produkteinführungen an die Wand zu spielen.

Dazu haben sie sich die Fähigkeit angeeignet, die spezifischen Bedarfs- oder Nachfragepotentiale einzelner Kunden- und Anwendungssegmente zu erkennen und den Markt mit zielgruppenspezifischen Produkten im wahrsten Sinne des Wortes abzudecken. Sie sind aber in der Lage, das auf äußerst wirtschaftliche Weise zu tun – ohne daß die Variantenvielfalt außer Kontrolle gerät oder ihre Möglichkeiten überschreitet, eine effiziente Logistik und einen einwandfreien Service zu bieten.

Der Pionier dieser Produktstrategie war General Motors in den 20er und 30er Jahren, als das Unternehmen die Monoprodukt-Kultur von Ford mit dem unschlagbar erscheinenden Ford-T-Modell durch eine überwältigende Produktproliferation übertrumpfte.

Heute ist Produktproliferation nicht mehr nur eine strategische Option für die großen, mächtigen Multis, sondern für alle Unternehmen, die eine hohe Produktentwicklungsleistung auf die Beine stellen können und wollen. Wird diese Strategie in einer bisher „ruhigen" Branche von einem der Wettbewerber mit Überraschungseffekt und Nachdruck eingeschlagen, so hat er gute Chancen, seine Mitbewerber aus dem Feld zu schlagen und den Markt zu beherrschen.

Japanische Unternehmen sind heute besonders auf diese Strategie geeicht. Sie verfahren vielfach nach dem Schrotflintenprinzip: Sie „beschießen" den Markt mit einem ganzen Spektrum von Produktvarianten, bis sich herauskristallisiert hat, welche davon zu Rennern werden. Dann sieben sie aus. So hat Toshiba mehr Modelle von Laptop-Computern wieder eingestellt, als andere Anbieter jemals hervorgebracht haben.

Unternehmen, die jeden „Schuß" sorgfältig abwägen, geraten hierbei ins Hintertreffen, weil die Wahrscheinlichkeit, daß sie das Bedarfsprofil besser treffen, geringer ist.

Eines der bekanntesten „shoot outs" spielte sich in den achtziger Jahren im Markt für Motorräder zwischen Honda und Yamaha ab. Als Yamaha begann, für den Marktführer Honda zu einer Bedrohung zu werden, reagierte Honda darauf mit einer Produktproliferationsstrategie und führte in kürzester Zeit mehr als 80 neue Modelle ein und brachte über 100 Produktverbesserungen auf den Markt.

Yamaha konnte nur mit 34 neuen Modellen und 37 Produktverbesserungen antworten. Indem Honda praktisch alle Marktnischen mit einem jeweils gezielten Modell besetzte, war Yamaha der Weg zu einer weiteren Marktpenetration versperrt. Yamaha mußte eine 50 %-ige Umsatzeinbuße hinnehmen, sich auf seine Ausgangsposition zurückziehen und Honda das Feld als Marktführer überlassen.

Die Proliferationsstrategie kann eine der wirkungsvollsten Strategien sein, um die Führungsposition im Markt zu behaupten, besonders wenn ein ausreichender Patentschutz nicht erreicht werden kann.

Als Sony seinen berühmten Walkman nicht mehr schützen konnte und Nachahmer nahezu 80 % Marktanteil in dem von Sony überhaupt erst geschaffenen Markt erjagt hatten, vervielfachte Sony sein Modellangebot in geradezu atemberaubender Weise. Von 1981 bis 1989 entwickelte Sony 150 neue Modelle – zehnmal so viel wie die Wettbewerber. Jede denkbare Modellvariante auf der Basis der zugrunde liegenden Walkmantechnologie wurde angeboten, so daß jeder Kunde mit hoher Wahrscheinlichkeit bei Sony das am besten für ihn geeignete Produkt finden konnte.

Auf diese Weise gewann Sony rapide Marktanteile zurück und ist heute wieder mit 40 % des Weltmarkts unbestrittener Marktführer.

Voraussetzung dieser Strategie war, daß es Sony gelang, den Entwicklungs- und Lebenszyklus der Produkte zu verkürzen, dadurch die Innovationsführerschaft zu wahren und alle Wettbewerber zu Nachahmern abzustempeln.

Eine ähnliche Proliferationsstrategie schlug Procter & Gamble im Markt für Babywindeln ein. Noch vor einigen Jahren gab es eine Babywindel für alle Fälle. Als der japanische Konkurrent Kao bedrohlich wurde, entfaltete Procter & Gamble ein breites Spektrum von Windeln für Jungs, für Mädchen, für Bettnässer, für Sechsmonatige, für dicke und für dünne Babys. Windelentwickler untersuchten, wie Babys kriechen, laufen lernen und spielen, um ihre Produkte „baby-gerecht" zu gestalten. Konkurrenten, die nur ein Grundprodukt anzubieten hatten, wurden vom Markt gefegt.

2.2 Produktwettbewerb durch neue Dimensionen der Wertschöpfung

Kunden durch überlegene Produkte zu gewinnen ist das klassische Wettbewerbsmodell. Große Unternehmer wie Henry Ford (Ford T-Modell), Otto Henkel (Persil), Nicolas Hayek (Swatch), Steven Jobs (Apple), William H. Gates (Microsoft) schufen damit Märkte und Symbole.

Wertschöpfung im Sinne höheren Produktnutzens bei geringeren Kosten wird heute von vielen Unternehmen nicht mehr als zentrales Ziel angestrebt, weil die dazu erforderlichen Innovationen immer schwerer zu realisieren sind. Innovation als Ansatz der Geschäftsentwicklung, Marktbelebung und Wettbewerbsdifferenzierung hat in den Augen vieler Unternehmensführer an Glaubwürdigkeit verloren und rangiert deutlich hinter der Suche nach Effizienz. Bei bestehendem Geschäft Kosten abzubauen ist heute viel stärker gefragt, als bei bestehenden Kosten mehr Geschäft zu machen. Kurz- und mittelfristig ist es auch der einfachere und sicherere Weg und läßt sich mit leichter zu findenden Managern bewerkstelligen.

Aber eine nicht zu vernachlässigende Zahl von Unternehmern baut immer noch darauf, Produkterfolge durch systematische Suche nach Produktvorteilen, nach neuen Dimensionen der Wertschöpfung zu erzielen. Sie verfolgen dabei zwei Ansätze:

- die unnachlässige Umsetzung von Produktverbesserungen, wie sie typisch für die Autos von Toyota, die Waschmaschinen von Bauknecht, die Heizsysteme von Buderus oder die Gabelstapler von Jungheinrich sind,
- die Neudefinition eines ganzen Geschäftssystems, wie wir es von Ikea, dem schwedischen Möbelhersteller und -händler, her kennen.

Die *kontinuierliche Umsetzung von Produktverbesserungen* (Continuous Improvement) setzt voraus, die simple Korrelation „höhere Qualität gleich höhere Kosten" in Frage zu stellen.

Mercedes-Benz und BMW schienen lange Zeit nach dieser Korrelation vorzugehen. Je leistungsfähiger ihre Autos wurden, je raffinierter sie ausgestattet waren, um so teurer wurden sie.

Toyota dagegen geht von einer verschiebbaren Kosten-Nutzen-Korrelation aus: Durch die konsequente Planung und Einführung von Verfahrensverbesserungen und durch Optimierung des Produktdesigns wird höhere Produktqualität bei sinkenden Kosten erreicht. Die Ingenieure von Toyota sind darauf trainiert, ständig nach Möglichkeiten zu suchen, um die Fertigung zu vereinfachen, eine hohe Qualität und Lebensdauer sicherzustellen und zusätzliche Leistungsmerkmale zu verwirklichen und so insgesamt zu einem neuen, günstigeren Kosten-Nutzen-Verhältnis bei möglichst gleichen oder sogar sinkenden Kosten zu kommen:

- Ausgehend von einer gründlichen Analyse der Schwachstellen bei Qualität und Fertigungskosten der bestehenden Produkte suchen sie unnachgiebig nach Möglichkeiten, diese Schwachstellen durch günstigeres Design und verbesserte Fertigungsmethoden zu eliminieren.
- Durch die systematische wertanalytische Überarbeitung eines jeden Teils, jeden Subsystems und des Produktkonzepts insgesamt sichern sie steigende Qualität bei sinkenden Investitionsanforderungen und Kosten.
- Durch Aufdecken von Ineffizienzen und Vergeudung in allen Phasen der Entwicklung bannen sie verspätete Designänderungen, unnötige Teilevielfalt, vermeidbare Komplexität und mangelnde Abstimmung zwischen Marktbeobachtung, Technik, Produktkonzept und Fertigungsanforderungen.

Ergebnis dieser Vorgehensweise ist, daß die Luxuslimousine Lexus vom Produktstanding her zu einem ernsthaften Konkurrenten der S-Klasse von Mercedes-Benz wurde, aber sowohl den Hersteller Toyota als auch die Kunden deutlich weniger kostet.

Die *Neudefinition eines ganzen Geschäftssystems,* wie sie von Ikea in der Möbelbranche vorgemacht wurde, verändert Produktdesign, Fertigungssystem und Distribution grundsätzlich. Ziel von Ikea war, die Ökonomie des ganzen Systems so zu revolutionieren, daß den Kunden hohe Funktionalität und Originalität geboten wird, daß sie aber einen beträchtlichen Teil der normalerweise „eingebauten" Kosten vermeiden können. Die Kunden übernehmen Montage und Transport der Möbel selber, und Ikea spart darüber hinaus Lager- und Bedienungsaufwand.

Der Nutzen für die Kunden wird durch drei Attribute wesentlich erhöht:

– Attraktivität des Designs:
  Namhafte skandinavische Designer arbeiten an den auf Funktionalität, positiven Lebensstil und leichte Montierbarkeit ausgelegten Produktkonzepten.

– Produktqualität:
  Durch besonders sorgfältige Qualitätssicherung und Testverfahren wird sichergestellt, daß die Haltbarkeit der Möbel der der traditionellen Hersteller eher überlegen ist.

– Kundenorientierung:
  Leicht verständliche Kundeninformation, hohe Verfügbarkeit, unbürokratische Rücknahmeregelungen und ein persönlicher, offener Ton machen die Kunden zu Teilnehmern des Systems, denen die Vorteile einleuchten und die wegen dieser Vorteile bereit sind, ja Spaß daran haben, einen Teil der Systemleistung selbst zu erbringen.

Ikea wurde mit diesem Ansatz zur am schnellsten wachsenden Möbelgruppe in Europa und ist dabei, auch in andere Regionen der Erde vorzudringen. 1992 hatte das Unternehmen mit über 100 Vertriebsstandorten in 25 Ländern einen Umsatz von 6,5 Milliarden DM pro Jahr erreicht. Das Wachstum ging trotz Rezession weiter.

2.3 Produktwettbewerb durch Design

Unternehmen wie die Braun AG, Bang & Olufsen, Olivetti, Sony, Daimler-Benz, Audi, Porsche, aber auch Keramag, Siemens und Bosch Elektrowerkzeuge haben gemeinsam, daß sie eine Passion dafür besitzen, ihre Produkte ergonomisch, funktional und ästhetisch auf Vordermann zu bringen. „Design" ist für sie nicht einfach nur Formgebung, farbliche Gestaltung und Erscheinungsbild, sondern die Konzeption von Nutzen und Funktion in einer Ganzheit mit eigener Identität.

Sie bauen darauf, daß die Kunden den Umgang mit ihren Produkten so hoch schätzen, daß sie sie als Bestandteil ihrer Persönlichkeit oder ihres Systems regelrecht benötigen. Gutes Design zielt aber auch darauf ab, die Herstellkosten niedrig zu halten und setzt daher eine intime Kenntnis der Materialien, ihrer Verarbeitungseigenschaften, der Fertigungstechniken und der Logistik voraus.

Daß Design auch in die Irre führen kann, erfuhr ein Schweizer Hersteller von Sanitärarmaturen. Um in das gehobene Marktsegment aufzuschließen, hatte er einen namhaften Designer engagiert, der eine neue Armaturenpalette entwerfen sollte. Dieser Designer hatte jedoch noch nie mit Keramikobjekten zu tun gehabt. Die von ihm entwickelten Armaturen setzten Veränderungen bei den Keramikbecken und -wannen voraus, die fertigungstechnisch nur äußerst aufwendig zu realisieren gewesen wären. Erst nach mehrfachen Modifikationen, die viel Geld kosteten, wurde schließlich eine Lösung gefunden, die marktfähig war.

Um solche Pannen im Designprozeß zu vermeiden, haben führende designbewußte Unternehmen ein systematisches Designmanagement etabliert[2]. Dadurch werden die Betrachtungsweisen und Randbedingungen der Techniker, der Industrial Designer, der Fertigungsingeniure, der Marketingexperten und der Vertriebsmitarbeiter miteinander in organisierter Weise abgeglichen.

Auf diese Weise können produktstrategische Entscheidungen gefällt werden, die in anderen Unternehmen dem Zufall überlassen bleiben.

Bei der Entwicklung von Automobilen besteht typischerweise ein Trade-off zwischen technischen Anforderungen und Gegebenheiten des Antriebs, der Kraftübertragung, der Lenkung, Schaltung, Kühlung, den Anforderungen des Fahrgastraums und der Bedienung auf der einen Seite und der äußeren Formgebung auf der anderen Seite.

Getreu der Philosophie: „Man Maximum, Machine Minimum" entwickelte Honda für den Civic einen neuen Motor, der unter die vorgegebene Motorhaube passen mußte und einen möglichst großen Fahrgastraum zuließ.

Als Ford zusammen mit seinem japanischen Partner Mazda ein neues gemeinsames Modell entwickeln wollte, stellte sich heraus, daß beide Unternehmen unterschiedliche Designphilosophien verfolgten. Die Vorstellungen von Ford gingen vom Äußeren des neuen Modells „Probe" aus, bestimmt von

---

2 Vgl. ARTHUR D. LITTLE (Hrsg.): Praxis des Design-Management; Frankfurt, New York 1990

einer Designkonzeption. Mazda dagegen wollte seinen RX6 von innen heraus entwickeln, ausgehend vor allen Dingen von einer ergonomisch bestimmten Konzeption. Beide Unternehmen lernten viel voneinander und näherten sich einander an, bis sie schließlich ein gemeinsames Konzept abgestimmt hatten, das ein großer Erfolg wurde.

Design wird ein immer wichtiger Differenzierungsfaktor im Produktwettbewerb, da oft die technischen Lösungen allein kaum noch markante Unterschiede zulassen.

So verfolgen Unternehmen Produktstrategien mit einem hohen Designgehalt in so unterschiedlichen Marktsegmenten wie Büroautomation, Telekommunikationsendgeräte, Elektrowerkzeuge, Werkzeugmaschinen und Kranbau.

Im schnellebigen Segment der Konsumelektronik erwirtschaften nur solche Unternehmen noch gute Margen, die sich trotz weitgehend gleichwertiger Technik vom Design her eine deutliche Sonderstellung erobert haben: Sony als Massenhersteller von Audio- und Videoprodukten, die gegenüber denen von Matsushita, Sharp und Philips das bessere Image haben und bessere Preise erzielen, hat seinen Designern das letzte Wort bei der Produktrealisierung gegeben und dazu die Designfunktion direkt bei der obersten Unternehmensleitung aufgehängt, und das dänische Unternehmen Bang & Olufsen als exklusiver Nischenplayer hat sich über Ergonomie und Ästhetik einen Namen gemacht und einen wachsenden Kundenkreis von lebensqualitätsbewußten Anhängern aufgebaut.

2.4 Produktwettbewerb durch Innovation

Nur wenige Unternehmen schaffen es, über längere Zeiträume eine hohe Innovationsleistung aufrechtzuerhalten. Es sind in der Mehrzahl diejenigen, die Innovation explizit zu einem wesentlichen Element ihrer Wettbewerbspositionierung gemacht haben. Hierzu gehören beispielsweise Black & Decker, Canon, 3M, Schindler, Sony, Philips und eine Reihe von Herstellern von Laptop-Computern und Desktop-Publishing-Systemen. Deutsche Unternehmen gehören seit Jahren kaum noch dazu.

Sie betrachten Innovationsstrategien häufig als zu risikoreich und strapaziös und bezweifeln den wirtschaftlichen Erfolg.

In der Tat ist die Liste von namhaften Unternehmen lang, die mit hochinnovativen Produkten scheiterten, beispielsweise EMI mit dem ersten Computer-Tomographen und DeHavilland mit dem ersten zivilen Düsenflugzeug.

In der Vergangenheit schien es sicherer zu sein, anderen Unternehmen die Schwierigkeiten und Überraschungen von Innovationen zu überlassen und dann, wenn sich die Marktakzeptanz eingestellt hatte, aus den Erfahrungen der anderen zu lernen und als schneller „Follower" den vollen Durchbruch zu bewerkstelligen. Diese Strategie konnten noch IBM bei Personal Computern und Matsushita bei Videorecordern einschlagen, da sie die größere Finanzkraft aufwiesen und mit ihren Ressourcen den Vorsprung des Innovators wieder aufholen konnten. Ob sich jedoch IBM im Endeffekt mit der Follower-Strategie nicht mehr geschadet als genützt hat, ob das Unternehmen mit einer systematischen Innovationsstrategie nicht heute wesentlich besser dastünde, ist zumindest eine berechtigte Frage. Was IBM nämlich innerlich verlorenging, war die Auseinandersetzung mit neuartigen Möglichkeiten der Informationsverarbeitung. IBM reagierte anstatt zu agieren, bis die Unternehmenskultur ein Agieren nicht mehr zuließ. Im Markt mußte sich IBM mit der Follower-Strategie zu sehr den von anderen Herstellern vorgezeichneten Bahnen anpassen, anstatt als Innovator die Entwicklungsrichtung vorzugeben. IBM wurde in Bereichen der Informationsverarbeitung anderer Geistes Kind, anstatt der geistige Vater der Informationsverarbeitung zu bleiben.

Heute haben oft nur noch die aggressiven Innovatoren eine Chance, die in der frühen Markteinführungsphase von innovativen Produkten erzielbaren hohen Margen zu erwirtschaften und dadurch die Amortisation ihrer Entwicklungsaufwendungen zu sichern. Denn die Produktlebenszyklen haben sich in vielen Branchen so verkürzt und die Entwicklungsaufwendungen so erhöht, daß die „Followers" nicht mehr auf ihre Kosten kommen.

Produktwettbewerb durch Innovation ist daher heute zu einer besonders wirksamen Wettbewerbsstrategie geworden.

Dabei gibt es unterschiedliche Vorgehensweisen – je nach Art der angestrebten Innovation:

– „top-down" und „bottom-up",
– inkremental und revolutionär.

Innovationen, durch die völlig neue Technologien und Produktkonzepte durchgesetzt und neue Märkte erschlossen werden sollen, gelingen besser im *Top-down-Verfahren,* das heißt durch gründliche Planung und mit voller Unterstützung durch das Top Management. Philips und Sony schlugen dieses Vorgehen ein, um die Compact Disc hervorzubringen.

Solche Vorhaben sind keine glücklichen Zufälle, sondern erfordern die Überzeugung der Unternehmensführung, daß die neue Technologie, das neue

Produkt zu einem massiven Erfolg wird, sowie die Kultivierung einer Reihe von Voraussetzungen, wie sie bei Canon, DuPont, Philips und Sony erfüllt sind:

- Das Top Management muß seine Überzeugung, seine Vision aktiv ins Unternehmen hinein kommunizieren und die Mitarbeiter motivieren, sich dafür einzusetzen.
- Das Unternehmen muß eine technologiefreundliche Kultur besitzen und erfahren sein im Management von anspruchsvollen Technologie- und Produktentwicklungsprojekten.
- Die Mitarbeiter des Unternehmens müssen die Kombination von Kenntnis der Kunden, systematischer Forschung und Intuition aufbringen, um aus Produktkonzepten attraktive, marktfähige Produkte werden zu lassen.
- Es muß im Unternehmen ohne weiteres möglich sein, mehrere Innovationen miteinander zu verbinden, insbesondere Produkt- und Verfahrensinnovationen, ohne daß das NIH-Syndrom[3] auftritt.

Um solche revolutionären Innovationen („breakthroughs") zu provozieren, setzen sich Unternehmen mit einer bewußten Innovationsstrategie anspruchsvolle Ziele. Der Forschungsleiter von Merck, Sharp & Dohm, Edward Scolnick, beispielsweise fordert von seinen Forschern und Entwicklern, daß sie jedes Jahr zumindest ein neues Medikament durch das Zulassungsverfahren der Federal Drug Administration hindurchbringen. Er weiß, daß nicht alle Forscher und Entwickler den Druck einer solchen Vorgabe aushalten, daher sucht er bewußt Mitarbeiter aus, die darin eher eine Motivation sehen. Diesen winken bei Erfolg Stock Options des Unternehmens und damit eine persönliche Teilhabe am Ergebnis.

Bottom-up-Innovationen können nicht geplant, sondern müssen „zugelassen" werden. Sie entspringen der Initiative von kreativen Mitarbeitern, unabhängig von Planungen und Vorgaben der Unternehmensleitung.

Das Unternehmen 3M hat seine Unternehmenskultur so entwickelt, daß Bottom-up-Innovationen ein natürlicher und wichtiger Bestandteil des Entwicklungsportfolios sind. Dazu hat das Top Management

- ausdrückliche und definierte Formen der Anerkennung und Belohnung von Mitarbeitern eingeführt, die Entwicklungsinitiativen ergreifen und Risiken eingehen; Fehlschläge werden toleriert;
- unbürokratische Prozedere geschaffen, um Innovationsideen zu erfassen und zu bewerten und daraus resultierende Entwicklungsprojekte zu finanzieren;

---

[3] NIH = Not invented here

– ein Steuerungsverfahren etabliert, um die laufenden Projekte zu unterstützen, insbesondere wenn sie das Stadium der kommerziellen Umsetzung erreichen.

Die Mehrzahl der so realisierten Bottom-up-Innovationen sind inkrementaler Natur. Aber die Chance, auf diese Weise auch auf revolutionäre Innovationen zu stoßen, ist größer als beim Top-down-Verfahren.

Ein Beispiel dafür ist wiederum 3M, bei dem die heute weit verbreiteten „Post-it"-Blöcke mit haftenden Blättern als revolutionäre Bottom-up-Innovation geboren wurden, dank der Initiative und Ausdauer eines Entwicklers von Klebstoffen, Spencer Silver, der sein mißratenes Baby, einen nur haftenden Klebstoff, nicht aufgeben und dafür eine sinnvolle Verwendung finden wollte, und dank seiner Machtpromotor, Geoffrey Nicholson und Joseph Ramey, aus dem gehobenen Management, die sich dafür einsetzten, daß eine strategisch angelegte Markteinführung zustande kam.[4]

Das Umfeld für solche revolutionären Bottom-up-Innovationen spielt eine entscheidende Rolle. Process Reengineering, Gemeinkostenwertanalysen und Kostensenkungskampagnen sind der innovationsfreundlichen Unternehmenskultur nicht zuträglich.

Daher behaupten sich auch diejenigen Unternehmen in der derzeitigen Rezessionsphase besser, die ihre Strukturen und Kosten bereits in Schuß haben und das interne Umfeld pflegen können, um mit Innovationen und Kundenorientierung ihre Geschäfte zu aktivieren.

2.5 Produktwettbewerb durch Service

Produktwettbewerb schließt heute ein ganzes Spektrum von Serviceleistungen ein. Für die Kunden sind das physische Produkt und die Serviceleistungen ein Ganzes. Für den Anbieter erhöhen sich dadurch die Möglichkeiten der Wettbewerbsdifferenzierung. Nur wenige Unternehmen sehen jedoch diesen Zusammenhang und beziehen die Serviceleistungen in ihre Produktstrategie mit ein.

Nur in Branchen, in denen ein zunehmender Anteil des Umsatzes und vor allem des Ertrags mit Ersatzteilen und Wartung erzielt wird, wurde erkannt,

---

4 Vgl. J. M. KETTERINGHAM, P. R. NAYAK: Senkrechtstarter; Düsseldorf/Wien/New York 1987

daß das Produkt das Flaggschiff eines lukrativen Geleitzugs von Folgegeschäften sein kann.

In anderen Branchen werden Kundendienst und andere produktbezogene Dienstleistungen häufig noch als notwendiges Übel und als Kostenfaktor angesehen.

In einer kürzlich von Arthur D. Little durchgeführten Umfrage über Probleme mit Lieferanten nannten 31 % der Befragten Mängel an den Produkten, während 62 % sich über Mängel der Kommunikation, der Lieferzuverlässigkeit, der Beratung und des Kundendienstes beschweren.

Drei Viertel der über unzureichenden Service Klagenden schränkten ihre Geschäftsbeziehung mit dem betroffenen Lieferanten ein. Selbst wenn der Mangel behoben wurde, blieb die Geschäftsbeziehung über Monate hinweg abgekühlt. Das ist die eine Seite der Medaille.

Umgekehrt kann daraus eine Strategie werden. Wenn die Wettbewerber Serviceleistungen unterbelichten und durch Mängel hierbei Umsatz verlieren, dann muß das Unternehmen, das den „richtigen" Service bietet und hierbei keine Fehler begeht, an Marktanteil gewinnen.

Zur Definition einer kombinierten Produkt- und Servicestrategie sollte das Unternehmen drei Fragen stellen:

– Können wir einen Produkt-/Servicevorteil erzielen, indem wir unsere Produkt-/Servicekombination gezielter auf den Kundenbedarf ausrichten und in der Kundenversorgung schneller, flexibler und zuverlässiger sind?
– Können wir Kunden gewinnen, indem wir ihnen helfen, ihren Bedarf zu spezifizieren, und dann sicherstellen, daß unsere Produkt-/Servicekombination bedarfsgerecht zur Verfügung steht?
– Können wir großzügig in der Bereitstellung von Anwendungs-Know-how, Schulung und Information sein und weitergehende Qualitäts- und Kompatibilitätsgarantien aussprechen?

Um die definierte Produkt- und Servicestrategie zu implementieren, müssen in der Regel die Leistungsprozesse des Unternehmens „aufgebohrt" werden, indem zunächst das Bewußtsein aller Beteiligten für die Bedeutung des Serviceaspekts geschärft und dann konkrete zusätzliche Leistungsangebote an die Kunden eingebaut werden, zum Beispiel durch Schaffung eines Key-Account-Managements, Verbesserungen des Distributionsmanagements und durch eine engere Verbindung zum Kundennutzen-Optimierungsprozeß. In den meisten Fällen ergeben sich beträchtliche Möglichkeiten, um Produkteigenschaften und Serviceleistungen besser aufeinander abzustimmen und miteinander zu verbinden.

Das französische Unternehmen der Elektrotechnik, Merlin Gérin, beispielsweise stieß in die Gruppe der führenden internationalen Hersteller von Stromverteilungsausrüstungen vor, Kopf an Kopf mit ABB, General Electric, Siemens und Westinghouse, indem es eine überlegene Produkt-/Servicepalette entwickelte. Die Stromschalter von Merlin Gérin wurden so entwickelt, daß sie besonders leicht zu installieren, zu erweitern und zu warten sind. Sie sind kompakt, durchgehend standardisiert und auf Racks aufsteckbar. Die Lieferzeiten von Merlin Gérin sind heute die kürzesten in der Industrie – zwei Wochen anstelle von acht Wochen bei den meisten Wettbewerbern. Der Handel und die Installateure reagierten begeistert auf das neue Angebot, und Merlin Gérin verdoppelte in einem nahezu stagnierenden Markt seinen Marktanteil.

Im Fahrstuhlgeschäft hat die Wartung eine so große Bedeutung und stellt in sich ein so beachtliches Volumen dar, daß unabhängige Wartungs- und Servicefirmen entstanden sind, die an diesem lukrativen Teil des Geschäfts partizipieren wollen.

Um sich gegen diese „Service-Piraten" zu wehren, haben namhafte Fahrstuhlbauer wie Schindler und Otis eigene Service-Managementsysteme entwickelt, die in die Fahrstuhlsysteme integriert werden und über Sensoren und Kommunikationsverbindungen mit Service-Steuerungszentren verbunden sind. Diese lösen in Abhängigkeit von der Fahrstuhlnutzung und von automatischen Fehlermeldungen die Wartung aus. Da die Wartungsverträge in der Regel Pauschalverträge sind und da durch die Service-Managementsysteme der Wartungsaufwand eher reduziert wird, erhöhen die Fahrstuhlbauer auf diese Weise auch die Profitabilität ihres Servicegeschäfts.

2.6 Nur wenige deutsche Unternehmen haben eine Produktstrategie

Fragt man Unternehmensführer in Deutschland, welches ihre Produktstrategie ist, so erhält man als Antwort typischerweise einige Allgemeinheiten über dasProduktgebiet und eine Aufzählung von Produkteigenschaften, die dem Unternehmen wichtig erscheinen. Die Antworten der einzelnen Mitglieder der Geschäfts- oder Spartenleitung sind häufig verschieden bis widersprüchlich.

Eine gemeinsam erarbeitete, begründete und verabschiedete Produktstrategie als wesentliches Element der Unternehmensstrategie zu entwickeln, das gilt häufig als „noch so eine theoretische Übung, während wir doch zur Zeit andere Sorgen haben". Darüber kann man und sollte man streiten.

Denn die Produktstrategie ist der Fahrplan, der aufzeigt, wie (und ob) das Unternehmen durch die Weiterentwicklung und Vermarktung seines Produktangebots einen tragfähigen Wettbewerbsvorteil erringen und dadurch seine Wachstums- und Rentabilitätsziele erreichen kann. Durch das Hinzukaufen von Unternehmen und die Verbesserung der Kostenposition können und müssen deutsche Unternehmen in vielen Fällen ihre internationale Wettbewerbsfähigkeit erhöhen – aber ohne eine Produktstrategie stellen diese Maßnahmen nur ein Übertünchen einer grundlegenden, inhärenten Schwäche dar: mangelnder Kundenorientierung und Produktkompetenz.

Die Prioritäten des Unternehmens bleiben unklar, und die Verantwortlichen in den einzelnen Funktionsbereichen müssen fallweise immer wieder austüfteln, für welche Produktspezifikationen und Entwicklungsvorhaben sie sich entscheiden sollen. In den meisten Fällen kommt dabei keine klare Linie zustande, sondern ein Mischmasch von Einzellösungen.

Diese Problematik war das Ende der Nixdorf Computer AG. Denn die Ungereimtheiten der Produktpalette führen zu häufigem Prioritätenwechsel und Veränderungen der Spezifikationen in letzter Minute – und zu Zeitverlusten bei der Anpassung an die Fertigungsanforderungen und an den Kundenbedarf.

Fragen, die immer wieder neu aufgetischt werden und häufig unbeantwortet bleiben, sind:

– Welche Zielgruppen steuern wir an?
– Welche Rolle spielt denn das einzelne Produkt in der gesamten Angebotspalette?
– Wie wollen wir uns von den Wettbewerbern differenzieren?
– Welche Stärken besitzen wir und wollen wir ausbauen?
– Wie viele Varianten müssen/sollen wir entwickeln?

Das Vorhandensein einer Produktstrategie erlaubt es dagegen, jedes einzelne Entwicklungsvorhaben im Rahmen eines Portfolios zu planen und dadurch den Mitteleinsatz in der Entwicklung und die Marktwirkung der neuen Produkte zu optimieren.

Forschung und Entwicklung erhalten klarere Vorgaben für die Entwicklungsrichtung und -schwerpunkte, und die Marketingmitarbeiter werden gezwungen, den Markt und die Kunden genauer zu verstehen und einen engeren Dialog mit der Forschung und Entwicklung einzugehen.

Die gemeinsam zu erarbeitende Produktstrategie wird so zur Verständigungs- und Vergleichsbasis, zum Modell des Unternehmenserfolgs, an dem sich alle Verantwortungsträger im Unternehmen orientieren können.

2.7 Wie sieht eine Produktstrategie aus?

Eine Produktstrategie zielt darauf ab, den Kundennutzen und die Qualität in den Augen der Kunden zu optimieren und die größtmögliche Rentabilität der eingesetzten Mittel zu erreichen.

Dazu beantwortet sie vier Typen von Fragen:
- In welcher Wettbewerbsarena wollen wir uns bewegen, das heißt
    - wo wollen wir antreten und
    - wie wollen wir konkurrieren?
- Welche Technologien müssen wir zur Unterstützung unserer Produktstrategie beherrschen, das heißt
    - mit welchen Technologien wollen wir welche Produkt- oder Verfahrensvorteile erzielen und
    - wie wollen wir uns den Zugang zu diesen Technologien sichern?
- Welches Fertigungssystem wollen wir betreiben, das heißt
    - welche Komponenten und Produkte wollen wir wo herstellen oder beziehen und
    - wie wollen wir unser Fertigungs-/Bezugssystem organisieren?
- Welche Marketing- und Distributionsleistung wollen wir erbringen, das heißt
    - welche Produkte wollen wir durch welchen Vertriebskanal vertreiben und
    - wie wollen wir unsere Produkte promoten?

Um den Kundennutzen und die Qualität in den Augen der Kunden zu optimieren, müssen die Produkte und dazugehörigen Serviceleistungen drei Bedingungen erfüllen: Ihr Image muß den Kundenerwartungen entsprechen, ihr Nutzen muß sich als wertvoll und preiswürdig darstellen, und sie müssen die Erwartungen der Kunden beim Einsatz befriedigen oder übertreffen.

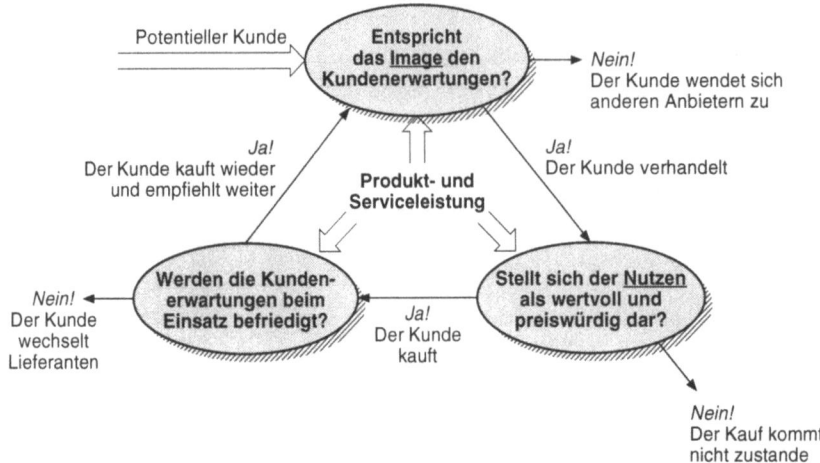

Abbildung 2.1: Produkte und Serviceleistungen müssen drei Bedingungen erfüllen

Der Kontakt mit dem Kunden beginnt mit dem Image (siehe Abbildung 2-1), das auf den Problemlösungsbedarf oder auf die Kaufintention des Kunden stößt. Die Klärung und bewußte Gestaltung dieses Images muß daher Bestandteil der Produktstrategie sein. Das Image muß in Übereinstimmung mit der Produkt- und/oder Serviceleistung stehen. Produktimage und die Corporate Identity des Unternehmens können sich gegenseitig ergänzen oder schaden.

Die Qualitätsprobleme der S-Klasse von Mercedes-Benz und der neuen 3er-Serie von BMW schufen ein Produktimage der eingeschränkten Vertrauenswürdigkeit angesichts eines im Preis geforderten hohen Vertrauensvorschusses. Dieses Produktimage färbte auf die Corporate Identity der beiden Unternehmen ab, die in den Augen der Kunden zum ersten Mal sichtbar gravierende Fehler zugelassen hatten. Die Zahl der verlorenen Interessenten ist schwer abschätzbar, dürfte aber beträchtlich sein, besonders im Ausland, da das Image der absoluten Vertrauenswürdigkeit nun unbestritten auf japanische Konkurrenzmodelle übergegangen ist.

Das Image der absoluten Vertrauenswürdigkeit zurückzugewinnen oder aber ein ebenso klares, attraktives und alleinstellungsfähiges Image anderer Zusammensetzung aufzubauen, das muß ein wesentliches Element der Produktstrategie von Mercedes-Benz und BMW sein.

Wenn die Image-Hürde genommen ist, dann stellt der Kunde bewußt oder unbewußt die Nutzenfrage, und zwar in der Regel im Vergleich zum Angebot anderer Hersteller. Die Entwicklung von Nutzen, nicht von Produkteigenschaften, muß das Ziel des Kundennutzen-Optimierungsprozesses sein; die überzeugende Darstellung und Kommunikation des Nutzens ist dann die große Herausforderung an den Marktkommunikationsprozeß in einem Marktumfeld, in dem immer stärker vielfältige Behauptungsgeräusche der Wettbewerber vorherrschen. Die Nutzenkommunikation muß daher glaubwürdig und ausdauernd aufgebaut werden und den Kunden zunächst ihre Situation und die daraus resultierenden Probleme und Nachteile verdeutlichen. Dazu ihre Zustimmung zu finden ist ein ebenso wichtiger Schritt der Nutzendarstellung wie die Gestaltung und Kommunikation des Nutzens selber.

Während der überzeugend vermittelte Nutzen die Kaufentscheidung bestimmt, hängen die Entscheidung über den Wiederholungskauf, die Weiterempfehlung und in letzter Konsequenz auch das Image von Produkt und Unternehmen von den *Nutzungserfahrungen* des Kunden ab.

Beispielsweise ist der Geräuschpegel eines Staubsaugers kein starker Nutzenaspekt, der die Kaufentscheidung unmittelbar beeinflußt. Er ist aber eine Nutzungserfahrung, die erst über Zeit an Gewicht gewinnt, wenn der Kunde bzw. die Kundin mit dem Produkt lebt. Daher ist die Aussage über Geräusch-Dezibel allein in der Verkaufsargumentation kaum wirksam, während das Angebot einer Probezeit den Nutzungsvorteil eines leisen Staubsaugers sehr wohl wirksam werden läßt.

Die Produktstrategie ist eine wesentliche Voraussetzung, um die zu entwickelnden Produkte preislich richtig zu positionieren. Denn erst wenn der Zielmarkt abgeschätzt ist und die Volumenabhängigkeit der Kosten erarbeitet wurde, kann abgeleitet werden, welche Kostenstruktur die Produkte aufweisen dürfen. Leistung zu einem vorgegebenen Preis ist eine völlig andere Vorgabe als Leistung um jeden Preis. Der Erfolg japanischer Hersteller bestand viele Jahre lang in erster Linie darin – und wurde von deutschen Unternehmen in dieser Hinsicht immer vollkommen unterschätzt –, eine bestimmte Produktleistung oder -eigenschaft zu einem noch nie dagewesenen Preis zu realisieren.

Klarheit über die Wettbewerbsarena und ihre Bedingungen („Wo wollen wir antreten?" und „Wie wollen wir konkurrieren?") ist der erste Schritt der Entwicklung einer Produkt- und Leistungsstrategie.

- Wo antreten?

Die Wettbewerbsarena in ihrer geographischen Abgrenzung kann nicht vom einzelnen Unternehmen gewählt werden. Die Frage kann nicht sein, in welchen geographischen Märkten das Unternehmen tätig sein will, sondern ist vielmehr, welches Marktgebiet die Wettbewerber abdecken und welche Vorteile sie aus dieser Marktpenetration ziehen. Wenn der Markt Europa oder der Weltmarkt ist, dann müssen *alle* Wettbewerber eine diesem Marktgebiet entsprechende Mengendegression erzielen, um ökonomisch mit- und durchhalten zu können.

Deutsche Unternehmen unterschätzen heute häufig, daß neben der Mengendegression in der Fertigung (deren Bedeutung in vielen Branchen eher zurückgeht, weil moderne Fertigungstechnologien kleinere wirtschaftlich zu fertigende Losgrößen erlauben) die Mengendegressionseffekte in der Forschung und Entwicklung eine, wenn nicht *die* entscheidende Rolle spielen: Nur Unternehmen, die die volle geographische Marktabdeckung für ihre Produkte erreicht haben, können die Aufwendungen für Forschung und Entwicklung (für ihre neuen Produktgenerationen und/oder für moderne Fertigungsverfahren) schnell genug amortisieren, um vor Ablauf des jeweiligen Produkt- oder Verfahrenslebenszyklus einen ausreichenden Cash-flow erwirtschaftet und damit die Mittel für die Entwicklung der nächsten Produkt- oder Verfahrensgeneration verdient zu haben.

Deutsche Unternehmen weisen hier vielfach ihre Achillesferse auf: Es wird ihnen beispielsweise nicht gelingen, in der Mikroelektronik den Anschluß zu finden und eine auf Dauer lebensfähige Industrie aufzubauen, wenn sie nicht im US-amerikanischen und japanischen Markt nennenswerte Positionen erringen, dies um so mehr, als im europäischen Markt die Abnehmerindustrien der Informations- und Bürotechnik sowie der Konsumelektronik stark dezimiert sind.

Auch die deutschen Automobilhersteller begehen ihren wohl schwerwiegendsten strategischen Fehler darin, ihre Position im US-amerikanischen Markt nicht entschlossener zu behaupten und im südostasiatischen Markt nicht offensiver einen nennenswerten Anteil zu erringen. Es sind die in Europa kaum zu amortisierenden Entwicklungskosten, die dazu führen, daß sie im Wettbewerb mit den japanischen Automobilherstellern immer noch beträchtliche Kostennachteile hinnehmen müssen, während die Japaner aufgrund ihrer uneingeschränkten *Weltmarktstrategie* auch in Europa das Preisniveau immer wieder unterbieten.

Das können Volkswagen/Audi, Daimler-Benz und BMW (und erst recht Porsche) nicht allein durch Rationalisierungsmaßnahmen wettmachen.

Daher sind Produktstrategien ohne Definition der gültigen geographischen Wettbewerbsarena auf Sand gebaut.

Eher möglich ist eine Begrenzung auf ein definiertes Preis-Leistungs-Segment, obwohl auch hier deutsche Unternehmen häufig zu leichtfertig glauben, daß sie sich in gehobene Nischen flüchten können, wenn der Preiswettbewerb im unteren Segment, dem Massensegment, zu hart wird. Denn japanische Wettbewerber nutzen die Mengendegressionsvorteile im Massensegment, um sowohl in der Fertigungstechnik als auch in der Forschung und Entwicklung Synergien zwischen den preisgünstigen Massenprodukten und den höher angesiedelten Spezial- oder Nischenprodukten entstehen zu lassen, z.B. durch Verwendung gleicher Teile oder gleicher Schaltungen, Prozessoren oder Grundsoftware, und dann in das Spitzensegment mit klaren Kostenvorteilen vorzudringen. So geschehen bei Werkzeugmaschinen, wo gleich mehrere deutsche Hersteller aufgrund ihrer Spezialisierungsstrategie im Hochpreissegment in Schwierigkeiten gerieten, als japanische Hersteller begannen, ihnen in diesem Segment den Preiskrieg zu erklären. Eine ähnliche Situation erleiden die deutschen Luxusautos im US-Markt jetzt durch das Vordringen des leistungsmäßig gleichbürtigen, aber preislich deutlich günstigeren Lexus von Toyota.

Die Frage kann also auch nicht sein, in welchem Preis-Leistungs-Segment ein Unternehmen tätig sein will, sondern entscheidend ist, welche Vorteile andere Wettbewerber erzielen, die in dem angestrebten, aber auch in benachbarten Preis-Leistungs-Segmenten aktiv sind.

Neben dem „Wo antreten?" gewinnt heute die Frage nach dem „Wie konkurrieren?" immer mehr an Bedeutung.

● Wie konkurrieren?

In immer stärkerem Maß muß die Produkt- und Leistungsstrategie heute auf spezifische Kundenerwartungen abzielen. Dazu muß das Unternehmen zwischen Basisprodukten, Schlüsselprodukten und Schrittmacherprodukten unterscheiden.

Basisprodukte stellen in der Regel die etablierten Produkte des Unternehmens dar, mit denen es den Hauptteil seines Umsatzvolumens erwirtschaftet, mit denen es aber auch immer weniger Differenzierung im Wettbewerb erzielen kann und immer stärker unter Preisdruck gerät (ausgenommen in Fällen, in denen wirkungsvoller Patentschutz besteht). Das Angebot im Markt ist typischerweise transparent, und die Kunden erwarten günstige Konditionen, um zu kaufen.

Der Schwerpunkt der Entwicklungs- und Marketingbemühungen muß in der Regel auf Rationalisierung der Produkte und der Fertigung sowie auf Standardisierung, Modularisierung und hoher Lieferbereitschaft liegen.

Schlüsselprodukte sind die Produkte des Unternehmens, mit denen es eine hohe und verteidigbare Differenzierung und einen nennenswerten Zusatznutzen für die Kunden bieten kann, bei denen noch technisches und anwendungsbezogenes Entwicklungspotential besteht und bei denen in der Verkaufsargumentation nicht der Preis im Vordergrund steht, sondern die neuartige Problemlösung und der strategische Effekt für den Kunden.

Der Schwerpunkt der Entwicklungs- und Marketingbemühungen muß hier auf Steigerung der technischen Leistungsfähigkeit, Ausbau des Variantenspektrums und schneller Marktpenetration durch aktive Überzeugungsarbeit liegen.

Hier erwirtschaftet das Unternehmen typischerweise hohes Umsatzwachstum und hohe Deckungsbeiträge, bis die Schlüsselprodukte über Zeit ihr Differenzierungspotential verlieren und selber zu Basisprodukten werden.

Schrittmacherprodukte schließlich sind solche, mit denen das Unternehmen seine Innovationsfähigkeit beweist, indem es technisches oder anwendungsbezogenes Neuland erschließt. Im Erfolgsfall werden aus diesen Produkten Schlüsselprodukte, die dem Unternehmen Wachstum und Ertrag bescheren – aber nicht alle Schrittmacherprodukte erreichen dieses Stadium. Die Entwicklungs- und Marketingaufwendungen für diese Produkte sind mit einem verhältnismäßig hohen Risiko behaftet, und das Unternehmen muß in engem Kontakt mit ausgewählten innovationsfreudigen Kunden stehen, um sicherzustellen, daß die Produkte tatsächlich ein attraktives Nutzenpotential zu erschließen versprechen.

Darüber hinaus gibt es in manchen Branchen noch nützliche, aber umsatzmäßig begrenzte *Nischenprodukte,* mit denen das Produktspektrum strategisch abgerundet und das Angebot vervollständigt wird, entweder um die Position in spezifischen Anwendungssegmenten abzusichern oder um den Systemcharakter des Angebots insgesamt zu erhöhen.

Diese Nischenprodukte müssen ein höchst spezifisches Know-how des Unternehmens verkörpern, um Sinn zu machen. Typischerweise werden dann hiermit hohe prozentuale Deckungsbeiträge erwirtschaftet, wenn auch die absoluten Beträge begrenzt sind.

„Kundenzufriedenheit" heißt bei diesen Produkttypen etwas sehr Unterschiedliches, und diese Unterschiede muß das Unternehmen herausarbeiten.

Bei Basisprodukten spielt der Preis eine entscheidende Rolle, weil das aus Kundensicht sinnvolle Leistungsniveau weitgehend erreicht ist und die Wettbewerber in etwa auf demselben Leistungsniveau liegen. Lieferfähigkeit, Leistungsgarantien und Paßfähigkeit sind wichtige Faktoren der Kundenzufriedenheit.

Bei Schlüsselprodukten steht der Zusatznutzen, die neuartige Problemlösung im Vordergrund. Hier sind Beratungs- und Serviceleistungen erforderlich, um Bedenken vor dem Neuen abzubauen und die Funktionsfähigkeit im Einsatz zu sichern. Der Anbieter wird wegen einer gewissen Exklusivität seiner Lösung zum Partner des Kunden, der das operative Modell des Kunden verstehen muß, um ihm zu einem Wettbewerbsvorteil zu verhelfen.

Je mehr die Schlüsselprodukte zu Basisprodukten werden, um so mehr wird die Andienung des Anbieters als „Partner" zur Aufdringlichkeit, die eher die Kundenzufriedenheit beeinträchtigt.

Bei Schrittmacherprodukten werden nur diejenigen Kunden mit hoher Kundenzufriedenheit reagieren, die einen strategischen Vorteil darin erkennen, in der Entwicklungs- und Experimentierphase neuer Lösungen mitwirken zu können, weil sie ihrerseits neue Lösungen anbieten wollen. Kundenzufriedenheit entsteht hier durch gemeinsame Auseinandersetzung mit Produkt- und Lösungskonzepten, durch effektive Projektarbeit und durch intensives Eingehen auf das zugrunde liegende Kundeninteresse.

Nischenprodukte allein erzeugen keine besondere Kundenzufriedenheit, sondern erst dadurch, daß sie ein ansonsten standardisiertes „normales" System zu anwendungsspezifischer Hochleistung bringen.

Die meisten Unternehmen, die keine Produkt- und Leistungsstrategie besitzen – und das sind viele –, machen diesen Unterschied nicht. Sie vertreiben Basis- und Schlüsselprodukte gleichermaßen über den Preis und vergeben sich daher die Chance, zum Partner der Kunden zu werden und über Beratung neue Anwendungsfelder zu erschließen, oder sie unterschätzen die Bedeutung von Lieferfähigkeit und Leistungsgarantien und meinen, durch hohen Differenzierungsaufwand bei Basisprodukten noch besondere Kundenaufmerksamkeit auf sich lenken zu können. Oder sie verkennen, daß Schlüsselprodukte dabei sind, zu Basisprodukten zu werden, und daß sie daher *neue* Schlüsselprodukte brauchen, wenn sie weiterhin ein Partnerschaftsverhältnis zu ihren Kunden rechtfertigen wollen.

Viele Unternehmen reduzieren in der Rezession ihren Aufwand für die Entwicklung/Weiterentwicklung von Schrittmacherprodukten und beschneiden dadurch ihre Fähigkeit, Kunden an sich zu binden und schließlich durch neue Schüsselprodukte neues Wachstum und bessere Erträge zu erwirtschaften. Die Rezession erscheint für sie unüberwindbar. Dabei ist sie zu einem nicht zu vernachlässigenden Teil selbstgemacht.

Unternehmen, die eine Produkt- und Leistungsstrategie besitzen, können zwei wesentliche Dinge tun, die den Produkterfolg verstärken.

Sie können sich in der Entwicklung und Konstruktion auf die für die Schlüssel- und Schrittmacherprodukte entscheidenden Technologien konzentrieren und sie zu ihren Kernkompetenzen machen. Und sie können die zu den Produkten passenden Leistungen erkennen und verstärken, ohne erhöhten Aufwand zu betreiben:

- *Basisprodukte* erfordern *Basisleistungen* wie hohe Lieferbereitschaft, preisliche Flexibilität, Standardqualität, Kompatibilität und weitgehend beratungs- und servicefreien Betrieb.
- *Schlüsselprodukte* erfordern technische und anwendungsbezogene Beratung, Erklärung des Zusatznutzens sowie Einsatz- und Betriebsunterstützung – *Schlüsselleistungen,* die die Wettbewerbsdifferenzierung erhöhen und die Rechtfertigung der Investitionsentscheidung liefern, auch in Rezessionszeiten, da der Kunde damit sein eigenes Geschäft wieder aktivieren kann.
- *Schrittmacherprodukte* erfordern zusätzlich *Schrittmacherleistungen* wie Output-Garantien, Schulung, Rücknahmezusagen, Team vor Ort und Exklusivitätszeiten.

Man kann vielen deutschen Unternehmen den Vorwurf nicht ersparen, daß sie zu lange zugesehen haben, wie ihre Produkte zu Basisprodukten abglitten, so daß sie heute mit einem zu großen Teil ihres Umsatzes in stagnierenden Segmenten tätig sind und schnell schrumpfende Erträge hinnehmen müssen.

Da nützt auch Kostenabbau nicht viel – im Gegenteil, häufig wird dadurch die Fähigkeit eingeschränkt, überhaupt noch Schlüsselprodukte hervorzubringen.

Das andere Extrem sind Unternehmen, die von einem Übergewicht an Basisprodukten gleich auf ein Überangebot von Schrittmacherprodukten verfallen.

Um das Verhältnis von Basis-, Schlüssel- und Schrittmacherprodukten in der Produktstrategie richtig auszutarieren, ist eine realistische Einschätzung der technologischen Trends und ihrer Auswirkungen auf das Nutzenpotential der Produkte wichtig.

Im folgenden Kapitel setzen wir uns daher mit den heute erkennbaren technologischen Trends auseinander.

Drittes Kapitel

Die technologischen Trends

3.1 Technologien und ihre Bedeutung für Wirtschaftsentwicklung und Wettbewerbsfähigkeit

Lester Thurow macht in seinem Buch „Kopf an Kopf – Wer siegt im Wirtschaftskrieg zwischen Europa, Japan und den USA?"[1] die Aussage, daß sich im 21. Jahrhundert ein nachhaltiger Wettbewerbsvorteil nicht so sehr aus Produkttechnologien ergeben wird, sondern aus neuen Verfahrenstechnologien, und daß, was früher vorrangig war (Erfindung neuer Produkte), zweitrangig wird, während das ehemals Zweitrangige (Entwicklung und Perfektion neuer Verfahren) an die erste Stelle tritt.

Diese Aussage ist in Zweifel zu ziehen. Sie beruht auf dem amerikanischen Komplex, in der Fertigung sowohl in puncto Produktivität als auch in puncto Qualität weit hinter die Japaner zurückgefallen zu sein. Die Einschätzung ist zwar richtig. Aber es liegt nicht an den Verfahrenstechnologien, die heute auch in den meisten Branchen nach kurzer Zeit käuflich sind, sondern an der Qualifikation der Mitarbeiter, an der Fertigungsorganisation und an der Nutzung der Verfahrenstechnologien.

Die Dynamik des Wettbewerbs wird weiterhin von den Produkten und Leistungen bestimmt, die der Kunde in die Hand bekommt. Er wird sich nicht damit begnügen, undifferenzierte Produkte zu kaufen, auch wenn sie aufgrund neuerer Verfahrenstechnologien kostengünstiger angeboten werden.

Wenn wir uns die Technologien ansehen, an denen heute in den Industrieländern geforscht und entwickelt wird, so werden die meisten davon eben doch gravierende Auswirkungen auf die Produkte, auf die realisierbaren Problemlösungen und auf die Abdeckung von bisher nur unbefriedigend gestilltem Bedarf haben. Die Umwelt wird neuen Bedarf erzeugen, der aus zunehmender Komplexität, Umweltgefährdung, Vermassung, Verstopfung, Energieknappheit und Unsicherheit resultieren wird, gepaart mit dem immer größeren Drang nach Mobilität, Kommunikation und Teilhabe.

Das Bundesministerium für Forschung und Technologie gab 1992 eine Studie „Technologie am Beginn des 21. Jahrhunderts"[2] in Auftrag, an der das Fraunhofer-Institut für Systemtechnik und Innovationsforschung als Systemführer

---

[1] Vgl. LESTER THUROW: Kopf an Kopf – Wer siegt im Wirtschaftskrieg zwischen Europa, Japan und den USA?; Düsseldorf/Wien/New York/Moskau 1993
hier: Neue Quellen strategischen Vorteils, Technologie, Seiten 45-53
[2] Vgl. DISKUSSIONSPAPIER BMFT: Technologie am Beginn des 21. Jahrhunderts; Bonn 1993

und ein breites Spektrum von Projektträgern verschiedenster Industrie- und Forschungsbereiche beteiligt waren.

Als Ergebnis einer umfassenden Befragung und systematischen Bewertung wurden neun bemerkenswerte technologische Entwicklungslinien herausgearbeitet, von denen die meisten im laufenden Jahrzehnt einen großen Entwicklungssprung vor sich zu haben versprechen oder in absehbarer Zeit ein sehr großes Anwendungspotential entwickeln dürften.

Die Entwicklungsgebiete, die bis zum Jahr 2000 mehr oder weniger stark in eine marktnahe Innovationsphase vorrücken werden, sind:

- *Neue Werkstoffe,*
  insbesondere Hochleistungskeramik, Hochleistungspolymere, Hochleistungsmetalle, Gradientenwerkstoffe und Werkstoffe für Turbinen und Brennstoffzellen;
  sowie organische Materialien mit magnetischen und elektrischen Eigenschaften, Oberflächenwerkstoffe und Oberflächen- und Dünnschichttechniken;
  ferner multifunktionale Werkstoffe, Leichtbauwerkstoffe, Verbundwerkstoffe, Implantatmaterialien;
  und schließlich mesoskopische Systeme, organisierte supramolekulare Systeme, Cluster, Aerogele und Fullerene.
  Zu neuen Verfahren der Werkstofftechnik gehören die Sonochemie, die Mikrowellenchemie, die Plasmachemie, die Adaptronik, die Materialsynthese in der Gebrauchsform und Fertigungsverfahren für Hochleistungswerkstoffe.
  Innovationen in der Informationstechnik und Medizin hängen davon ab, daß neue Materialien mit spezifisch entwickelten Eigenschaften zur Verfügung stehen. Es geht darum, Materialien mit immer genauer vorausbestimmbaren Eigenschaften zu erzeugen, die einem definierten Bedarf entsprechen, das heißt Werkstoffe genau auf ihr Anwendungsprofil hin maßzuschneidern.

- *Die Nanotechnologie – Ingenieurwissenschaft auf atomarer und molekularer Ebene,*
  insbesondere die Nanoelektronik, Nanowerkstoffe sowie das Single-Electron-Tunneling und die Fertigungsverfahren für die Mikro- und Nanotechnik.
  Die Herstellung und Anwendung von zwei- und dreidimensionalen Strukturen, Schichten, molekularen Einheiten sowie Grenz- und Oberflächen wird die Informationstechnik, die Werkstofftechnik, die Optik, Biochemie, Biotechnologie, Medizin und Mikromechanik befruchten.

- *Die Mikroelektronik und ihre vielseitigen Anwendungen in der Informationsspeicherung und Signalverarbeitung,*
mit den besonderen Entwicklungsgebieten der Hochgeschwindigkeitselektronik, der Supraleitung, der Hochtemperaturelektronik sowie den Grenzgebieten der Mikroelektronikwerkstoffe und der Plasmatechnik.
Durch sogenannte Verbindungshalbleiter wird der Übergang zur Nanoelektronik erschlossen, die Mikrotechniken der Mikroelektronik stellen eine wichtige Kompetenzbasis für die Mikromechanik, die Mikrosensorik, die Mikrosystemtechnik und multifunktionale Systeme dar.

- *Die Photonik und Optoelektronik* auf der Basis photonischer und optoelektronischer Werkstoffe und der Lasertechnik sowie ihren Anwendungen bei Displays, flachen Bildschirmen, in der Telekommunikation und Breitbandkommunikation, bei optischen Rechnern und Hochleistungsrechnern, beim hochauflösenden Fernsehen und in der Unterhaltungselektronik.
Durch die kombinierte Anwendung von Mikroelektronik, Optoelektronik, integrierter Optik und Mikrooptik werden Lösungen der parallelen Signalverarbeitung, Mustererkennung, assoziativen Speicherung und stark vernetzter Systeme ermöglicht; dadurch ist eine enge Verbindung zu innovativen Anwendungen der Mikrosystemtechnik, der Nanotechnologie und der Werkstofftechnik gegeben.

- *Die Mikrosystemtechnik,*
insbesondere die Mikroaktorik, die Signalverarbeitung in der Mikrosystemtechnik, die Mikrosensorik
und die Verfahren der Aufbau- und Verbindungstechnik.
Die Mikrosystemtechnik stellt in erster Linie eine integrative Vorgehensweise zur Miniaturisierung und Zusammenführung vieler Funktionen dar.

- *Die fehlertolerante Softwareentwicklung, graphische Softwareentwicklungssysteme und Simulationstechniken* sowie Anwendungen
    - des Molecular Modelling,
    - der Bioinformatik,
    - der Werkstoffsimulation,
    - der nichtlinearen Dynamik,
    - der Simulation in der Fertigungstechnik,
    - der künstlichen Intelligenz und der kognitiven Systeme,
    - der unscharfen Logik und
    - der Datensicherheit in Netzen.

Technische Ähnlichkeiten rücken die moderne Software- und Simulationstechnik in die Nähe zur Biotechnologie, Molekularelektronik und Mikrosystemtechnik.

- *Die Molekularelektronik*
  mit den Teilgebieten der Bioelektronik, Biosensorik, Neurobiologie und Neuroinformatik.
  Hierbei geht es um die Nutzung organischer Materialien, um Schaltungen und Vernetzungen auf molekularer Basis herzustellen.

- *Die Zell-Biotechnologie und Molekular-Biotechnologie*
  mit ihren Anwendungen in der Biomedizin, Biokatalyse, in der Produktion von Biosubstanzen und Wirkstoffen, in der Bionik, der Herstellung von biomimetischen Werkstoffen, in der biologischen Wasserstoffgewinnung, in der Entwicklung nachwachsender Wirk- und Werkstoffe, in der Umwelttechnik, in der Pflanzenzüchtung und im Pflanzenschutz.

Neben den technischen Entwicklungsgebieten, die produkt- und verfahrenstechnische Möglichkeiten eröffnen werden, werden in der Studie wesentliche Produktions- und Managementmethoden untersucht, die für die Nutzung der neuen technischen Möglichkeiten erforderlich sein werden.

Wichtige Fortschritte werden hier auf den Gebieten der Modellbildung für die Produktion, der Fertigungsleittechnik, der Produktionslogistik, der umwelt- und ressourcenschonenden Produktion und der Verhaltensbiologie erwartet.

Die technischen Entwicklungsgebiete wurden auf ihre Relevanz für die großen Bedarfs- und Anwendungsfehler hin untersucht, die in den nächsten zwei Jahrzehnten besondere Engpässe darstellen bzw. Wachstumspotentiale aufweisen werden (siehe Abbildung 3-1):

Technologische Entwicklungsgebiete / Bedarfs- und Anwendungsfelder	Verkehr	Kommunikation, Information	Medizin	Umwelt	Energie	Ernährung	Unterhaltung	Bauwesen	Exploration und Rohstoffsicherung
Neue Werkstoffe	★★★	★★	★★★	★★★			★★	★★★	
Nanotechnologie	★	★★★	★★★			★	★		
Photonik und Optoelektronik	★	★★★	★★				★★★		
Mikroelektronik	★★★	★★★	★★	★★	★		★★★	★	★
Mikrosystemtechnik	★★	★★	★				★★	★	
Fehlertolerante Software, grafische Softwaresysteme, Simulationstechnik	★★	★★★	★★				★★★		★
Molekularelektronik		★★★	★★★	★★					
Zell-Biotechnologie, Molekular-Biotechnologie	★★		★★★	★★★	★★★	★★★			★★★

Abbildung 3-1: Wichtige technologische Entwicklungsgebiete und ihre Auswirkungspotentiale für Bedarfs- und Anwendungsfelder

- Verkehr,
- Kommunikation,
- Medizin,
- Unterhaltung,
- Energie,
- Umwelt,
- Ernährung,
- Bau,
- Exploration und Rohstoffsicherung.

Hierbei zeigt sich, daß in allen diesen Bedarfs- und Anwendungsfeldern aufgrund der vielfältigen neuen technischen Impulse eine hohe Dynamik der Weiter- und Neuentwicklung von Produkten zu erwarten ist.

Lester Thurow gibt zu bedenken, daß es sieben Schlüsselindustrien sind, die in den nächsten Jahrzehnten das Wirtschaftsgeschehen auf der Erde charakterisieren werden:[3]

- die von der Mikroelektronik bestimmten Branchen,
- die von der Biotechnologie bestimmten Branchen,
- die von neuen Werkstoffen bestimmten Branchen,
- die Telekommunikation,
- die zivile Luftfahrt,
- die Roboter- und Werkzeugmaschinenindustrie und
- die Computer- und Softwareindustrie.

Diese Industrien, so Thurow, sind alle „kopflastig" und weitgehend unabhängig von natürlichen Ressourcen und anderen Standortvorteilen, sie können daher im Prinzip überall auf dem Globus angesiedelt sein. Ihr Standort hänge davon ab, wer die geistige Leistung so organisieren kann, daß diese Industrien sich günstig entfalten können. Entscheidend seien die Forschung und Entwicklung und, in zunehmendem Maß, die Fähigkeit, mit Hilfe effizienter Fertigungssysteme kostengünstig zu produzieren. „Wer ein Produkt billiger machen kann, kann es seinem Erfinder abnehmen", so die Schlußfolgerung von Thurow.

---

3 Vgl Fußnote 1 in diesem Kapitel

3.2 Das Verhältnis von Technologien, Produkten und Wirtschaftsstrukturen

Die Betrachtungen von Thurow und die der BMFT-Studie lassen drei wichtige Aspekte unterbelichtet, die für die Wirtschaftsentwicklung und die Wettbewerbsfähigkeit von Standorten eine große Rolle spielen:

- Die Umsetzung von technischem Know-how in Erfolg von Industrien erfolgt nicht direkt, sondern nur über erfolgreiche *Produkte*;
  in diesen Produkten spielen einzelne Technologien (und Verfahren) zwar eine bedeutende Rolle, aber die Produkte sind nur erfolgreich durch die Verbindung aller ihrer Bestandteile zu einer nützlichen, in der Anwendung überlegenen Gesamtlösung;
  dazu leisten die innovativen Einzeltechnologien nur einen Teilbeitrag.
- Die Entwicklung eines einzelnen Technologiegebiets macht wirtschaftlich nur Sinn, wenn eine gesamtwirtschaftliche *Vernetzung* sichergestellt wird, durch die Zulieferer von Know-how und Komponenten prosperieren können, Mengendegression der Entwicklungsleistung erreicht wird und Abnehmersegmente den nötigen Volumeneffekt bieten.
- Die Umsetzung technischer Möglichkeiten ist die Aufgabe einzelner *Unternehmen,* deren Ressourcen und Risiko zwar durch industriepolitische, fiskalische und andere Maßnahmen beeinflußt werden können, die aber eine realistische Unternehmensstrategie verfolgen müssen.

Es ist immer wieder erstaunlich, wie schnell der gedankliche Sprung von Stärken in einem Technologiegebiet zu der Erwartung wirtschaftlichen Erfolgs gemacht wird.

Gerade das Beispiel der Informationstechnik zeigt, daß Produkterfolg nicht allein mit technologischer Führerschaft begründet werden kann: Die heute erfolgreichen Hersteller von Workstations, Desktop-Publishing-Systemen und Laptops bauen nicht auf Leading-edge-Technologien auf, sondern auf der Fähigkeit, mit vorhandenen Technologien gezielt anwendungsgerechte, marktgängige Produkte zu konfigurieren.

Das Aufkommen der Personal Computer in den siebziger Jahren hätte eine unwiderbringliche Chance für die Nixdorf Computer AG und damit für die informationstechnische Industrie in Deutschland darstellen können. Es waren jedoch unternehmensinterne Entscheidungen und Mißverständnisse, die die Nixdorf Computer AG daran hinderten, auf der Basis der Entwicklung der Mikroprozessoren und des Unix-Standards eine erfolgreiche Produkt- und Systemstrategie einzuschlagen – nicht der mangelnde Zugang zu Technologie.

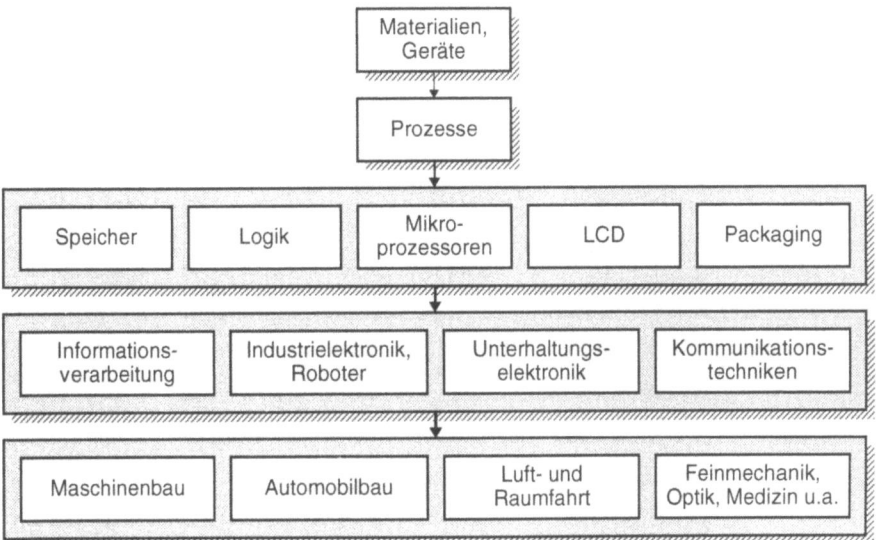

Abbildung 3-2: Die technologische Nahrungskette in der Mikroelektronik
(Quelle: IBM 1990)

Daß die gesamtwirtschaftliche Vernetzung eine so hervorragende Bedeutung hat, erkannte kürzlich auch die Arbeitsgruppe der Industrie des IT-Gesprächskreises „Mikroelektronik", an der die Robert Bosch GmbH, die Daimler-Benz AG, die IBM Deutschland GmbH und die Siemens AG mitwirken.[4]

Sie zeigte anhand der „Nahrungskette" für die Mikroelektronik auf, wie Materialien und Geräte für die Chipherstellung (z.B. Elektronikchemikalien, automatische Bilderkennung, Reinstraumtechnik) und Verfahren der Waferherstellung, -belichtung und -weiterverarbeitung die Herstellung von Speicher- und Logikchips, von Mikroprozessoren, Liquid Christal Displays und anderen Mikroelektronikkomponenten bestimmen, die wiederum von Anwendungen in der Datenverarbeitung, Industrieelektronik, Unterhaltungselektronik, Kommunikationstechnik, im Maschinenbau, Automobilbau, in der Luft- und Raumfahrt, in der Feinmechanik, Optik und Medizin getrieben werden (siehe Abbildung 3-2).

---

4 Vgl. ARBEITSGRUPPE DER INDUSTRIE DES IT-GESPRÄCHSKREISES „MIKROELEKTRONIK": Konsenspapier der Industrie zum Stand der Mikroelektronik in Deutschland mit Vorschlägen zur Sicherung der Wettbewerbsfähigkeit der deutschen Halbleiterunternehmen, deren Kunden und Zulieferer; 29. März 1993

Der Markt für Mikroelektronik in Deutschland wird nach dieser Studie 1997 rund 22 Milliarden DM (0,8 % des Bruttosozialprodukts) darstellen, wovon 15 % in den Automobilbau, je rund 10 % in die Konsumelektronik und Industrieelektronik, 40 % in die Datentechnik und 25 % in die Telekommunikation gehen werden. In Deutschland ist der Markt für Mikroelektronikkomponenten in der Konsumelektronik im Verhältnis zu Japan weit unterentwickelt, so daß den Mikroelektronikherstellern im Heimmarkt ein wichtiger Teil der „Verbraucherkette" fehlt. In noch stärkerem Maß gilt dies für Europa insgesamt. Der europäische Markt für Mikroelektronik ist inzwischen nur noch halb so groß wie der japanische Markt.

Das Vernetzungsproblem in Deutschland und Europa ist aber noch schwerwiegender, als die „Nahrungs- und Verbraucherkette" es erkennen läßt.

Nicht nur fehlt in Deutschland inzwischen das Angebot der Elektronikchemikalien und der optischen Geräte für eine funktionierende Mikroelektronikindustrie – und das im traditionellen „Heimatland" der chemischen und optischen Industrie. Nicht nur gibt es bei uns keine potenten Anbieter von integrierter Reinstraumtechnik – auch das an sich eine geeignete Domäne für deutsches Ingenieur-Know-how. Nicht nur müssen deutsche Mikroelektronikhersteller mit einem dürftigen Heimmarkt leben, weil wir ganze Abnehmerbranchen verkümmern ließen. Obendrein fehlen uns inzwischen die Ausbildungs- und Forschungsressourcen, um an der vordersten Front der technischen Entwicklung mitzuwirken, fehlt den deutschen Unternehmen die Fähigkeit, sich auf die Dynamik der mikroelektronischen Industrie einzustellen und die dazu erforderlichen Kooperationsformen, Investitionsstrategien und Marketingaktivitäten zu verfolgen. Die Arbeitsgruppe der Industrie des IT-Gesprächskreises gibt in den Konsenspapier denn auch selbstkritisch zu, daß „es auf der Seite der Unternehmen zuviel Denken und Handeln in den engen Grenzen der Heimmärkte, aber auch unterschiedliche Gesetze, enge Kartellregeln, staatliche Monopole, Subventionen für überalterte Industrien und nationale Egoismen gab, so daß viele Unternehmen in ihrem Wachstum und damit in der notwendigen Vorbereitung zu globalem Handeln lange behindert wurden oder sich selbst behinderten".

Daß die Unternehmen, wenn sie wollen und die richtige Strategie verfolgen, auch im derzeitigen rezessiven Umfeld technische Möglichkeiten zu ihrem Vorteil umsetzen können, haben eine Reihe deutscher Unternehmen bewiesen, die mit starken marktgerechten Produkten ihr Geschäft europaweit und weltweit ausbauten. Was sie in der Regel von den weniger erfolgreichen Unternehmen unterscheidet, ist, daß sie technisches Know-how und technische Möglichkeiten schnell, gezielt und marktorientiert in Produkte umsetzen, daß sie die vorhandenen Vernetzungen zu Know-how-Quellen, Zulieferanten, Partnern und Kunden virulent nutzen und daß sie ihrer strategischen Position entsprechend handeln: ihre Schwächen und Nachteile bewußt erkennend, aber auch die ihrer Konkurrenten, und ihre Stärken zügig nutzend.

Das Irritierende bei losgelösten Technologiebetrachtungen und auch bei der zitierten BMFT-Studie ist die unzureichende Berücksichtigung der Wettbewerbsposition im Verhältnis zu den USA und zu Japan und der daraus resultierenden Frage, welche Schwerpunkte der Produkt- und Marktstrategie die deutsche Industrie bilden muß, um ihre begrenzten Entwicklungsressourcen erfolgversprechend einzusetzen.

Von den 90 Technologiegebieten, die in der BMFT-Studie untersucht wurden, wurde Deutschland in 40 Fällen eine „starke" und nur in 20 Fällen eine „schwache" Wettbewerbsposition zugemessen. Angesichts der wahren Verhältnisse im internationalen Innovationswettbewerb mit den USA und Japan erscheint diese Einschätzung höchst fragwürdig. Bezogen auf technische Entwicklungsgebiete kann sich die Einschätzung auch nur auf die „Technologieposition" beziehen, die dann kombiniert mit der Marktposition der Unternehmen in einem bestimmten Anwendungs- oder Produktgebiet erst die Wettbewerbsposition ergibt.

So haben deutsche Unternehmen nachweislich in der Vergangenheit häufig mit Förderung durch den Minister für Forschung und Technologie günstige bis starke *Technologiepositionen* aufgebaut, aber wegen ihrer nicht genügend berücksichtigten schwachen Marktposition und unzureichender Umsetzung in attraktive Produkte „keinen Blumentopf gewonnen".

Das wiegt um so schwerer, als viele der technischen Entwicklungsgebiete bis zum Markterfolg (der mit den Technologien zu erdenkenden und zu realisierenden Produkte) einen hohen Innovationsaufwand erfordern (der Innovationsaufwand wurde in einer BMFT-Studie bei 52 der 90 Einzeltechnologiegebiete als „hoch" und nur bei 6 als „gering" eingestuft).

Das *strategische* Management der Technologieentwicklung setzt daher einen Ressourcenvergleich in der Forschung und Entwicklung und eine Betrachtung der *Marktpositionen in den Anwendungsfeldern der Produkte* voraus, in die die entwickelten Technologien fließen.

Diese Arbeit muß in erster Linie von den Unternehmen geleistet werden; das Prinzip läßt sich aber auch auf ganze Volkswirtschaften anwenden. In einzelnen Technologie- und Anwendungsfeldern ist das in der Vergangenheit auch schon getan worden[5][6][7][8], aber eine wirtschaftsstrategische Gesamtschau für Deutschland ist bisher noch nicht erstellt worden.

3.3 Strategische Konsequenzen für die Unternehmen

Das einzelne Unternehmen muß die sich abzeichnenden technologischen Trends daraufhin untersuchen, inwieweit sie für die Anwendungs- und Produktgebiete des Unternehmens Bedeutung besitzen oder erlangen werden, weil sie

– bestehende Technologien zu substituieren drohen;
– zusätzliche Leistungsmerkmale ermöglichen;
– die Kosten-/Leistungsrelation verändern werden;
– bestehende Produkt- oder Leistungsbegrenzungen zu überwinden versprechen.

Dabei muß das Unternehmen von seinen Basis-, Schlüssel- und Schrittmacherprodukten und deren Anwendungsfeldern ausgehen und die Frage beantworten: Welche technologischen Trends werden für dieses Produktspektrum eine von den genannten Auswirkungen haben, und was kann das Unternehmen tun, um zum richtigen Zeitpunkt in der Lage zu sein, diese Möglichkeiten strategisch zu nutzen?

Ebenso sollte sich das Unternehmen dann, und nur dann, die Frage stellen: Welche technologischen Entwicklungen sind im Gang, welche Stärken besitzen wir hierbei, und wie/wo können wir diese Stärken nutzen?

Aus unternehmerischer (und auch volkswirtschaftlicher) Sicht ist es entscheidend, daß Produkte immer aus mehreren Technologien bestehen, die im Produktkontext unterschiedliche Wettbewerbspotentiale eröffnen. Daher muß

---

[5] Vgl. ARTHUR D. LITTLE (Untersuchung für den Bundesminister für Forschung und Technologie): Möglichkeiten und Anforderungen einer zukünftigen Förderstrategie auf dem Gebiet der Informationsverarbeitung in der Bundesrepublik Deutschland; Wiesbaden 1983

[6] Vgl. ARTHUR D. LITTLE (Studie für das Wirtschaftsministerium): Der Einfluß der japanischen und der südkoreanischen Schiffbaupolitik auf die internationale Wettbewerbsfähigkeit der westdeutschen Werftindustrie; Berlin 1993

[7] Vgl. ARTHUR D LITTLE: Maßgebliche Einflußfaktoren für die Entwicklung der technologischen Leistungsfähigkeit der deutschen Avionikindustrie im Vergleich zu Frankreich und Großbritannien, Bericht an den BMFT-Arbeitskreis Avionikstudie; Wiesbaden 1987

[8] Vgl. ARTHUR D. LITTLE: Studie zur Evaluierung des Programms Materialforschung des Bundesministers für Forschung und Technologie; Wiesbaden 1993

ein enger Zusammenhang zwischen Produkt-, Markt- und Technologiestrategien hergestellt werden, ohne den Technologieentwicklungen, Marketing- und Vertriebsplanungen und Produktkonzeptionen in die Irre gehen.

- Wettbewerbspotentiale von Technologien

Das Unternehmen muß dazu *auf der Ebene seiner Produktgebiete* ein „Unbundling" seiner Technologien und seines Know-hows durchführen und dabei auch diejenigen Technologien berücksichtigen, die die Wettbewerber einsetzen und entwickeln. In diese Analyse müssen sowohl Produkt- als auch Fertigungstechnologien einbezogen werden.

Technologien können für mehrere oder alle Produktgebiete eines Unternehmens von Bedeutung sein, und sie können mehr oder weniger stark voneinander abhängen.

Einzelne Technologien können unter Umständen völlig autonom weiterentwickelt werden, andere können von den sonstigen Technologien der betroffenen Produkte oder auch von Technologien außerhalb der Kontrolle des Unternehmens beeinflußt sein. Diese Abhängigkeiten müssen bei den Planungen und Entscheidungen über Produkt- und Technologiestrategien ebenso klar erkannt und berücksichtigt werden wie das Wettbewerbspotential jeder einzelnen Technologie.

Was heißt Wettbewerbspotential von Technologien?

Zu einem bestimmten Zeitpunkt weisen eine oder mehrere Technologien einen deutlich überragenden Einfluß auf die Wettbewerbsfähigkeit eines Produktgebiets auf. Sie sind die *Schlüsseltechnologien* dieses Produktgebiets, denn sie bestimmen die Wettbewerbsdynamik in diesem Produktgebiet durch ihre Auswirkungen auf die kritischen Leistungsmerkmale der Produkte oder auf ihre Kostenstrukturen, sie bieten noch nennenswertes weiteres Entwicklungs- und Differenzierungspotential und werden von den Wettbewerbern aktiv genutzt, um weitere Marktpotentiale zu erschließen. Der Schlüsselcharakter dieser Technologien läßt sich aus der Analyse der Erfolgsfaktoren im Markt und der Kundenanforderungen an die Produkte ableiten, indem deren technologischer Hintergrund erhellt und die Strategien der Wettbewerber auf technologische Aspekte hin durchleuchtet werden.

So sind heute für einen Computerhersteller die für seine Produktbereiche relevanten Technologien unterschiedlich bedeutungsvoll (siehe Abbildung 3-3):

Technologien \ Geschäftssegment	Personal Computer	Laptops	Workstations
• Anwendungstechnik	☆	☆	☆☆☆
• Einsatz von hochleistungsfähigen Prozessoren			☆☆☆
• Großserien-Montage	☆☆☆	☆☆☆	☆
• Anwendungssoftware			☆☆☆
• Integrierte Schaltungen	☆	☆	☆
• Tastaturen	☆	☆	☆
• Bildschirme	☆		☆
• EM-Speichersysteme			☆
• ...			

Abbildung 3-3: Produktbereiche und Technologien des Unternehmensbereichs

- integrierte Schaltungen, Bildschirm und Tastaturen werden für mehrere Produktbereiche benötigt, während
- hochleistungsfähige Prozessoren und anwendungsspezifische Software nur bei einem Produktbereich eine wichtige Rolle spielen.

Einige der Technologien haben eine dominierende Bedeutung für die Wettbewerbsfähigkeit des Herstellers, insbesondere die Anwendungsentwicklung für spezifische Einsatzgebiete (z.B. in der Medizin, im Computer-aided-Design und im Photosatz), der Einsatz von hochleistungsfähigen Prozessoren, die Montage großer Fertigungsvolumina und die Anwendungssoftware (siehe Abbildung 3-4).

Andere Technologien, wie z.B. die Entwicklung und Fertigung integrierter Schaltungen, Tastaturen, Bildschirme und Speichertechnologien, sind zwar ebenfalls wichtig, lassen sich aber weniger zur strategischen Differenzierung einsetzen, weil sie am freien Markt käuflich und kostengünstig erworben werden können. Sie stellen für den hier beschriebenen Computerhersteller Basistechnologien dar, die von allen Wettbewerbern beherrscht oder durch Outsourcing hinzugekauft werden können (siehe Abbildung 3-5). Sie lassen sich daher kaum noch benutzen, um einen Wettbewerbsvorteil zu erringen – jedenfalls nicht von Computerherstellern. Es ist daher auch nicht sinnvoll, hohen Aufwand für die Erringung eines Vorsprungs in diesen Technologien zu treiben, denn es besteht nur geringe Wahrscheinlichkeit, daß sich noch ein relevanter

Technologien \ Geschäftssegment	Personal Computer	Laptops	Workstations
▷ • Anwendungstechnik	☆	☆	☆☆☆
▷ • Einsatz von hochleistungsfähigen Prozessoren			☆☆☆
▷ • Großserien-Montage	☆☆☆	☆☆☆	☆
▷ • Anwendungssoftware			☆☆☆
• Integrierte Schaltungen	☆	☆	☆
• Tastaturen	☆	☆	☆
• Bildschirme	☆		☆
• EM-Speichersysteme			☆
• ...			

▷ = Schlüsseltechnologien

Abbildung 3-4: Die strategische Rolle der Technologien im Datenterminalgeschäft

Technologien \ Geschäftssegment	Personal Computer	Laptops	Workstations
▷ • Anwendungstechnik	☆	☆	☆☆☆
▷ • Einsatz von hochleistungsfähigen Prozessoren			☆☆☆
▷ • Großserien-Montage	☆☆☆	☆☆☆	☆
▷ • Anwendungssoftware			☆☆☆
▶ • Integrierte Schaltungen	☆	☆	☆
▶ • Tastaturen	☆	☆	☆
▶ • Bildschirme	☆		☆
▶ • EM-Speichersysteme			☆
• ...			

▷ = Schlüsseltechnologien
▶ = Basistechnologien

Abbildung 3-5: Die strategische Rolle der Technologien im Datenterminalgeschäft

Zusatznutzen entwickeln und ein Wettbewerbsvorteil erzielen läßt. Trotzdem sind sie von elementarer Wichtigkeit für die Produkte, denn ohne sie könnten die Produkte ihre Funktion nicht erfüllen.

Viele Unternehmen überinvestieren über lange Zeit in die Weiterentwicklung von Basistechnologien, die früher einmal die Schlüsseltechnologien ihrer

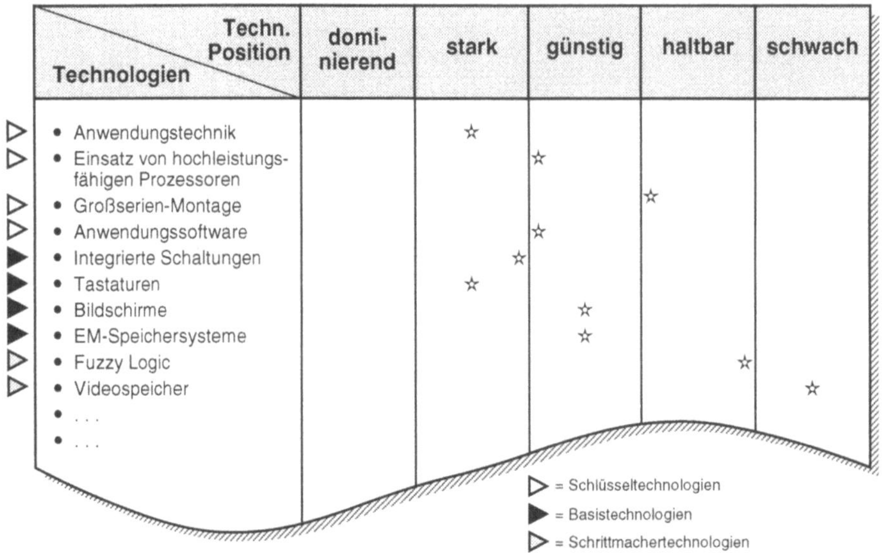

Technologien	Techn. Position	dominierend	stark	günstig	haltbar	schwach
▷ • Anwendungstechnik			☆			
▷ • Einsatz von hochleistungsfähigen Prozessoren				☆		
▷ • Großserien-Montage					☆	
▷ • Anwendungssoftware				☆		
▶ • Integrierte Schaltungen				☆		
▶ • Tastaturen			☆			
▶ • Bildschirme				☆		
▶ • EM-Speichersysteme				☆		
▷ • Fuzzy Logic					☆	
▷ • Videospeicher						☆

▷ = Schlüsseltechnologien
▶ = Basistechnologien
▷ = Schrittmachertechnologien

Abbildung 3-6: Die Technologieposition eines Computerherstellers im Workstation-Geschäft

Industrie waren, aber von den Unternehmen unbemerkt oder uneingestanden an Wettbewerbsbedeutung verloren haben. Die strategische Rolle von Technologien wandelt sich aber im Laufe der Zeit. Die strategische Wirkung von Schlüsseltechnologien eines Produktgebiets geht allmählich verloren, entweder weil die Wettbewerber diese Technologien immer besser beherrschen, weil sie kostengünstig von spezialisierten Anbietern erworben werden können oder weil sie durch neuere Technologien verdrängt werden.

Neue Technologien, die sich noch in einem frühen Entwicklungsstadium befinden, die aber schon erkennen lassen, daß sie gravierende Auswirkungen auf das Wettbewerbsgeschehen in einem oder mehreren Produktbereichen haben können, sind *Schrittmachertechnologien* (siehe Abbildung 3-6). Einige der heutigen Schrittmachertechnologien werden die Schlüsseltechnologien von morgen – aber nicht alle.

In der Computerindustrie stellen die Hochgeschwindigkeitselektronik, die Supraleitung, die künstliche Intelligenz und die unscharfe Logik heute Schrittmachertechnologien dar.

Die Technologie der unscharfen Logik („fuzzy logic") beispielsweise befindet sich an der Schwelle zum umfassenden praktischen Einsatz, und ihre strategische Bedeutung wird beträchtlich sein. Während der Einsatz von hochleistungsfähigen Prozessoren zusehends an strategischer Differenzierungswir-

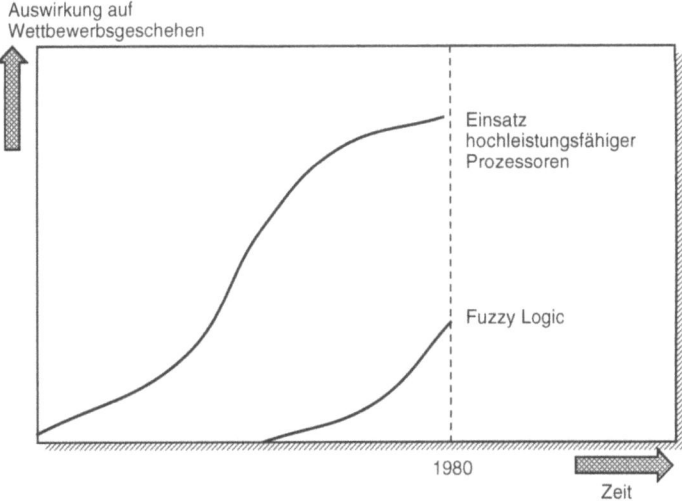

Abbildung 3-7: Schrittmachertechnologien verdrängen Schlüsseltechnologien

kung verliert und Workstations auch in die Anwendungssegmente von Personal Computer vordringen, übernimmt die Technologie der unscharfen Logik in einer immer größeren Zahl von Anwendungsgebieten die Rolle der Wettbewerbsdifferenzierung – sie wird damit eine Schlüsseltechnologie (siehe Abbildung 3-7).

So muß das Management des Unternehmens für alle seine Produktbereiche die relevanten Technologien identifizieren und ihre strategische Rolle klären, um sinnvolle Entscheidungen über den Ressourceneinsatz für die Technologieentwicklung fällen zu können. Diese Entscheidungen müssen in Übereinstimmung mit der Produkt- und Marktstrategie getroffen werden und sind daher Aufgabe der Unternehmensführung.

Es gibt eine Reihe von Indikatoren, die die Entwicklungsphase einer Technologie anzeigen (siehe Abbildung 3-8):

– Der Grad von Unsicherheit über die Leistungsfähigkeit und damit das Einsatzpotential einer Technologie ist typischerweise in der Schrittmacherphase höher als in der Schlüssel- oder Basisphase.
– Die Investitionen der gesamten Industrie in die Technologie erreichen ihr Maximum typischerweise in der Schlüsselphase.
– Die Breite der Einsatzgebiete und Anwendungen stabilisiert sich typischerweise in der Reife- oder Basisphase.
– Der Typ von Entwicklungsaufwand verschiebt sich im Lebenszyklus einer

	Entstehung	Wachstum	Reife	Alter
• Unsicherheit über technische Leistungsfähigkeit	hoch	mittel	niedrig	sehr niedrig
• Investitionen in Technologieentwicklung	niedrig	maximal	niedrig	vernachlässigbar
• Breite der potentiellen Einsatzgebiete	unbekannt	groß	etabliert	abnehmend
• Typ der Entwicklungsanforderungen	wissenschaftlich	anwendungsorientiert	anwendungsorientiert	kostenorientiert
• Auswirkungen auf Kosten-/Leistungsverhältnis der Produkte	sekundär	maximal	marginal	marginal
• Zahl der Patentanmeldungen/ Typ der Patente	zunehmend Konzeptpatente	hoch produktbezogen	abnehmend verfahrensbezogen	
• Zugangsbarrieren	wissenschaftliche Fähigkeiten	Personal	Lizenzen	Know-how
• Verfügbarkeit	sehr beschränkt	Restrukturierung	marktorientiert	hoch

Abbildung 3-8: Indikatoren für die Lebenszyklusphase einer Technologie

Technologie von wissenschaftlicher Forschung zu reiner technischer Anwendungsentwicklung.
- Die Auswirkungen der Technologie auf das Kosten-/Leistungsverhältnis der Produkte nimmt während des Reifeprozesses ab.
- Die Zahl der Patente und der Typ der Patente verlagern sich von konzeptorientierten zu verfahrensorientierten Patenten.
- Die Zugangsbarrieren zu einer Technologie sind in der Schrittmacherphase eher wissenschaftlicher Natur, in der Basisphase kann dagegen das erforderliche Know-how zunehmend käuflich erworben werden.

Ein- und dieselbe Technologie kann Schlüsseltechnologie in einem Produktgebiet und Basistechnologie in einem anderen sein. Wettbewerber aus einem Produktbereich, in dem eine Technologie bereits als Basistechnologie etabliert ist, können daher aus einer starken technologischen Position in andere Produktbereiche vordringen, in denen diese Technologie noch die Wirkung einer Schlüsseltechnologie hat.

• Konsequenzen für Produktstrategien

Die Lebenszyklusphasen der Technologien eines Produktbereichs lassen wesentliche Rückschlüsse auf die Differenzierungs- und Wachstums-/Ertragsmöglichkeiten dieses Produktbereichs zu.

Produktbereiche, in denen es nur wenige oder keine Schlüssel- und Schrittmachertechnologien gibt, weisen in der Regel nur geringe Wachstumschancen auf oder unterliegen sogar einer Verdrängung, und die Produkte stehen unter starkem Preisdruck. Der am günstigsten gestellte Wettbewerber ist derjenige, der durch Ausschöpfung der Mengendegressions- und Rationalisierungsmöglichkeiten in der Fertigung und Logistik die niedrigsten Kosten aufweist. Investitionen in Technologieentwicklung lohnen sich in den wenigsten Fällen.

Produktbereiche, in denen sich mehrere Schrittmachertechnologien mit hohen potentiellen Auswirkungen erkennen lassen, gehen dagegen in der Regel einem deutlichen Innovations- und Wachstumsschub entgegen.

So gibt es viele Produktbereiche, die durch technologische Entwicklungen verjüngt wurden. Beispiele sind die Auswirkungen der Quarztechnologie, der integrierten Schaltungen und der Flüssigkristallanzeigen auf die Uhrenindustrie und die Auswirkung der Elektronik auf die Spielzeugindustrie.

Die Schlüsseltechnologien der Computerindustrie nähern sich zur Zeit dem Ende ihrer Penetrationsphase, aber eine Reihe von Schrittmachertechnologien stehen „ante portas" und haben das Potential, eine Verjüngung und neues Wachstum der Computerindustrie hervorzurufen – mit allen strategischen Konsequenzen, die sich daraus ergeben: Eintritt neuer Wettbewerber, Verschiebung von Marktanteilen, Entstehung neuer Anwendungsgebiete.

Voraussetzung ist, daß die technischen Möglichkeiten in kreative, kundengerechte Produkte und Systeme kanalisiert werden, die einen deutlichen Nutzenfortschritt darstellen.

In vielen Produktbereichen ist dazu wesentlich mehr erforderlich als die technische Entwicklung von Schlüssel- und Schrittmachertechnologien. Vielmehr geht es darum, alle technischen Elemente in einem marktorientierten Innovationsprozeß zu einer problemlösenden, nutzenstiftenden Einheit zusammenzuführen. Diese Innovations- und Integrationsfähigkeit, die die Beherrschung der Basistechnologien ebenso voraussetzt wie die Nutzung der Schlüsseltechnologien, führt zu erfolgreichen Produkten. Das eine ohne das andere geht in der Regel schief:

– Produkte mit einem Übergewicht an Basistechnologien und ohne Führerschaft im Einsatz der differenzierenden Schlüsseltechnologien sind nicht wettbewerbsfähig.
– Produkte mit einer Überbetonung von Schlüssel- oder gar Schrittmachertechnologien und ohne eine gekonnte Leistungseinheit mit Basistechnologien sind häufig technokratisch und daher nicht marktgerecht.

Eine der Stärken der deutschen Industrie ist immer die gute Verbindung der etablierten und der neuen technischen Elemente zu zuverlässig funktionierenden, leistungsfähigen und qualitativ hochwertigen Gesamtprodukten gewesen. *Diese produktbezogene Kompetenz kann die deutsche Industrie sich angesichts der vielfältigen technischen Entwicklungstrends nur durch eine Schwerpunktbildung bewahren.* Das Gleiche gilt für die einzelnen Unternehmen. Bei begrenzten Ressourcen ist eine Verzettelung auf viele technische Entwicklungsgebiete ohne Stärkenbildung und Berücksichtigung der marktstrategischen Anforderungen und Möglichkeiten ein Rezept für ewiges Hinterherhinken.

Zu viele F&E-Vorhaben und Technologieentwicklungen werden vom Selbstbewußtsein und von den Ambitionen der technischen Spezialisten bestimmt, ohne ausreichende Koppelung mit den strategischen Möglichkeiten und ohne Beurteilung des tatsächlichen Nutzeffekts für den Fall, daß die technischen Ziele erreicht werden.

- Technologiestrategien in Abhängigkeit von Produkt- und Marktposition

Die Erfolgschancen eines Unternehmens in einem Produktbereich sind aber von seiner komparativen Technologie- und Marktposition abhängig.

Angesichts des Spektrums von Technologien eines Produktbereichs hat ein Unternehmen zunächst einmal zu entscheiden, ob es in allen Schlüssel- und Schrittmachertechnologien des Produktbereichs tätig sein will und kann oder ob es eine Nischenstrategie einschlagen sollte, um seine Ressourcen auf ausgewählte Stärken in einem Produktsegment zu konzentrieren. Ferner muß es entscheiden, ob es in der Technologieentwicklung eine aktive Führungsrolle einnehmen will und kann oder ob es ein reaktives Technologieverhalten wahren sollte, das durch Kooperationen oder Lizenzvereinbarungen gekennzeichnet ist (siehe Abbildung 3-9). Hieraus ergeben sich vier mögliche Technologiestrategien für ein definiertes Produktgebiet:

– Technologische Führerschaft im Produktgebiet,
  das heißt Aufbau und Nutzung einer führenden Position in allen Technologien des Produktbereichs, um mit Schlüssel- und Schrittmacherprodukten das Innovationstempo bestimmen oder mitbestimmen und Marktanteile gewinnen zu können.

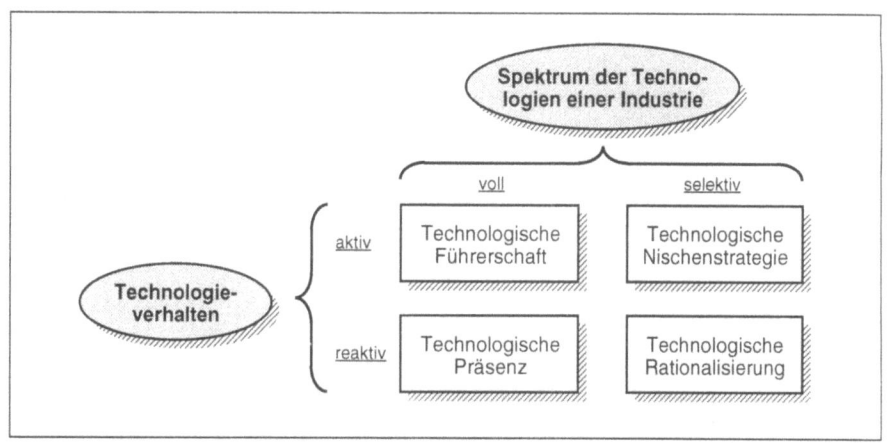

Abbildung 3-9: Strategiealternativen für eigene Technologieentwicklung

- Technologische Nischenstrategie,
  das heißt Konzentration auf eine begrenzte Zahl der Schlüssel- und Schrittmachertechnologien des Produktbereichs, bei denen eine starke Technologieposition errungen werden kann, um in einer Nische des Produktbereichs eine starke Marktposition aufbauen und behaupten zu können.

- Technologische Präsenz,
  das heißt die Wahrung eigenen Know-hows in allen Schlüssel- und Schrittmachertechnologien eines Produktbereichs, und zwar durch eine Mischung aus eigener selektiver Technologieentwicklung und Zugang zu Technologien durch Kooperationen und/oder Lizenzvereinbarungen.

- Technologische Rationalisierung,
  das heißt weitgehender Verzicht auf eigene Technologieentwicklung und Wahrung eines Technologiezugangs durch Kooperationen und/oder Lizenzvereinbarungen in den Schlüsseltechnologien eines Segments des Produktbereichs.

Welche dieser Technologiestrategien das Unternehmen verfolgen sollte, hängt von seiner Technologie- und Marktposition, aber auch von der Lebenszyklusphase des Produktbereichs ab.

Die Beziehungsmatrix von Technologie- und Marktposition führt zu unterschiedlichen Strategiekonsequenzen, je nachdem, ob es sich um einen Produktbereich in der Entstehungs- bis frühen Wachstumsphase oder in der späten Wachstums- bis Reifephase handelt (siehe Abbildungen 3-10 und 3-11).

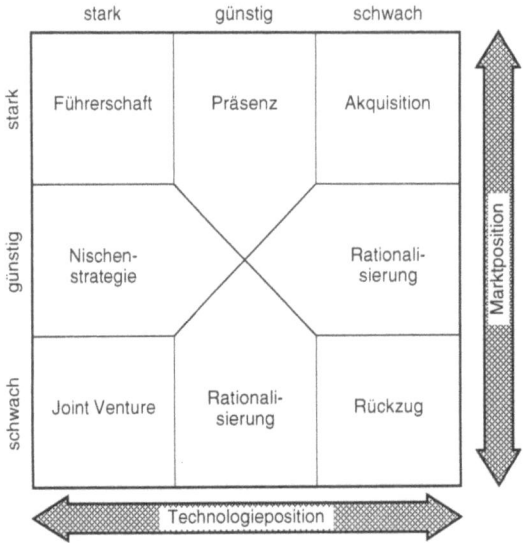

Abbildung 3-10: Technologiestrategien in später Wachstums- bis früher Reifephase

In der Entstehungs- bis frühen Wachstumsphase eines Produktbereichs (charakterisiert durch einen hohen Anteil von Schlüssel- und Schrittmacherprodukten) können die Technologiepositionen der Wettbewerber sich noch relativ stark ändern, wenn ihnen Entwicklungsdurchbrüche oder Differenzierungserfolge gelingen und insbesondere Schrittmachertechnologien eine hohe

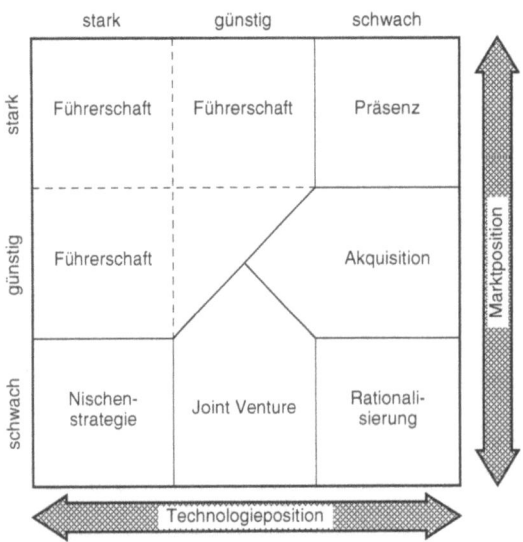

Abbildung 3-11: Technologiestrategien in Entstehungs- und früher Wachstumsphase

Marktbedeutung erlangen (das heißt zu Schlüsseltechnologien werden), und veränderte Technologiepositionen können in dem dynamischen Marktumfeld noch relativ leicht zu Verschiebungen der Marktpositionen der Wettbewerber führen. Daher können Unternehmen auch in den Feldern „günstig/stark" eine Führerschaftsstrategie verfolgen.

In der späten Wachstums- bis Reifephase eines Produktbereichs (charakterisiert durch einen zunehmenden Anteil von Basisprodukten) haben sich die Marktpositionen schon so gefestigt und sind die Möglichkeiten von Technologiedurchbrüchen so weit eingeschränkt, daß eine Führerschaftsstrategie nur noch in dem Feld „stark/stark" realistisch ist.

Häufig verkennen Unternehmen, daß sich ihr Marktumfeld und Produktbereich in Richtung auf die Reifephase verschoben hat und daß daher technologische Stärken immer weniger Einfluß auf die strategischen Möglichkeiten besitzen. Das ist besonders tragisch, wenn Unternehmen in einer solchen Situation in starkem Maß in technische Weiterentwicklungen ihrer Produkte investieren, dabei aber die Marktorientierung und Marktbearbeitung vernachlässigen. In den Augen der Kunden bieten die neuen Produkte keinen ausreichenden zusätzlichen Anreiz mehr, weil der Zusatznutzen nur marginal ist, und die Überzeugungsarbeit kommt ohnehin zu kurz (in der Annahme, daß die Produkte selber überzeugen). Die Investitionen in die Produktentwicklung sind in diesem Fall vergebens, und das Unternehmen erleidet einen oft nicht zu verkraftenden finanziellen Verlust.

Ebenso häufig verkennen Unternehmen ihre Technologie- und Marktposition. Das geschieht typischerweise, wenn gar nicht der Versuch gemacht wird, diese Positionen im internationalen Wettbewerbsvergleich systematisch zu bestimmen, sondern wenn die Technologie- und Marktverantwortlichen mit einer überzogenen Selbsteinschätzung (und ohne ausreichende Kenntnis der Wettbewerberaktivitäten) ihre Stärken pauschal postulieren.

Die Technologie- und Marktposition eines Unternehmens in einem Produktbereich läßt sich aber konsequent ermitteln und überprüfen, und diese Sorgfalt wird in dem umkämpften, differenzierten Marktumfeld immer wichtiger, um den Einsatz begrenzter Ressourcen zu fokussieren.

Die Technologieposition

Sie resultiert aus den Produktanforderungen der Kunden und den Technologien, die zur Erfüllung dieser Produktanforderungen eingesetzt werden. Für diese Technologien kann der Einfluß auf Wettbewerbsdifferenzierung und

Produkt-anforde-rungen	Technologien	Einfluß auf Wettbewerbsdif-ferenzierung und Kundennutzen	Gewich-tung heute	Gewich-tung in Zukunft	Technologieposition der Wettbewerber*			
					Eigenes Unter-nehmen	Wett-bewerber 1	Wett-bewerber 2	Wett-bewerber 3
Bedienungs-freundlichkeit	Benutzerführung am Bildschirm	Schlüssel-technologie	0,8	0,9	2	5	2	3
	Datenbanktechnik	Basistechnologie	0,3	0,2	4	5	3	4
	Prozessorleistung	Basistechnologie	0,2	0,2	4	5	5	4
System-fähigkeit	Local Area Network	Schlüssel-technologie	0,6	0,4	3	4	4	5
	ISDN-Technik	Schrittmacher-technologie	0,2	0,9	1	3	4	4
	Auf- und Abwärts-kompatibilität	Schlüssel-technologie	0,9	0,6	5	1	2	3
	Kommunikations-rechner	Basistechnologie	0,4	0,3	3	4	2	5
....	....	....	....	....	....	....	....	....

* 5 = sehr gut; 4 = gut; 3 = mittel; 2 = schlecht; 1 = sehr schlecht

Abbildung 3-12: Bestimmung der derzeitigen Technologieposition und strategische Nutzung der Technologiedynamik (Beispiel)

Kundennutzen, im Fall von Verfahrenstechnologien auch auf die Produktkosten, abgeschätzt werden, woraus sich ihre strategische Relevanz als Schlüssel-, Schrittmacher- oder Basistechnologien ergibt (siehe Abbildung 3-12). Für die identifizierten Technologiebereiche müssen die Entwicklungstrends und die daraus folgernden Veränderungen ihrer strategischen Relevanz (siehe „Gewichtung heute" und „Gewichtung in Zukunft") abgeschätzt und die Stärken/Schwächen des eigenen Unternehmens im Verhältnis zu den wichtigsten Wettbewerbern ermittelt werden. Die Kriterien, nach denen die Position des eigenen Unternehmens jeweils im Verhältnis zu den wichtigsten Wettbewerbern beurteilt wird, können vielfältig sein, typischerweise gehören dazu aber die Zahl und Qualifikation der eingesetzten Technologieexperten, die Zahl und Bedeutung der angemeldeten Patente, die technische und finanzielle Ausrüstung, die für die Technologieentwicklung zur Verfügung steht, der schon erarbeitete Know-how-Stand, das Netzwerk mit externen Kontributoren (wie Universitäten, Auftragsforschungseinrichtungen, Lieferanten, Kooperationspartnern und Lizenzgebern) sowie, in zunehmendem Maß, die Qualität des eingesetzten Projektmanagementverfahrens (siehe Abbildung 3-13).

Diese Analyse gestattet es, die derzeitigen und in Zukunft zu erwartenden Schwachstellen der Technologieposition insgesamt zu erkennen und zu beurteilen, ob und wie diese Schwachstellen überwunden und vorhandene

Faktoren der Technologieposition (bei einer gegebenen Technologie)	Eigenes Unternehmen	Wettbewerber 1	Wettbewerber 2	Wettbewerber 3
Anzahl und Qualifikationsniveau der F & E-Mitarbeiter, die auf dem Gebiet arbeiten	★★	★★★	★★	★
Erfahrung in der Umsetzung der Technologie in Produkt- bzw. Verfahrensinnovationen	★	★	★	–
Anzahl der Patente auf dem Technologiegebiet	★	★★	★★	–
Zugang zu externen Ressourcen wie Lizenzen, Kooperationen, externe F & E-Einrichtungen	★	★★	★	★★★
Ausrüstung der F & E-Abteilung(en) mit relevanten Geräten/Hilfsmitteln	★★★	★★	★	–
Effektivität des Projektmanagements	★	★★★	★★	★
Stand nach Erwartungswert der laufenden Entwicklungsanstrengungen	★★	★★★	★★	★★
Synergie mit anderen Technologieentwicklungen im Unternehmen	★★★	★	★★★	★★
Insgesamt	14	17	14	9

★ = schwach, ★★ = mittel, ★★★ = stark

Abbildung 3-13: Bewertung der Technologieposition eines Unternehmens bei einer gegebenen Technologie (Beispiel)

Stärken besonders wirkungsvoll genutzt werden können. So sind Unternehmen in der Lage, bei gegebenem Ressourcenvolumen durch Verlagerung der Aufwendungen auf die kritischen Schlüssel- und Schrittmachertechnologien oder durch Konzentration auf Produktnischen (mit einem weniger breiten Technologiespektrum) ihre Technologieposition signifikant zu stärken. Sie sind auch in der Lage, sich von der Überbewertung der einzelnen Schrittmachertechnologien zu befreien, solange diesen keine klar erkennbaren, strategisch relevanten Kundennutzeneffekte zugeordnet werden können.

Eine derartige Analyse auf der Ebene einzelner Industrien wäre die Voraussetzung, um ausgehend von der zitierten BMFT-Studie zu konkreten wirtschafts- und förderpolitischen Folgerungen zu kommen. Ohne eine derartige Verbindung zu spezifischen Industrien und deren Produkt- und Anwendungsbereichen bleiben Betrachtungen über „Technologien zu Beginn des 21. Jahrhunderts" vorwiegend Fleißarbeit.

Die Marktposition

Neben der Technologieposition ist die Marktposition entscheidend, um die produkt- und marktstrategischen Möglichkeiten eines Unternehmens (und einer Industrie) realistisch zu beurteilen.

Hier geht es darum, die Marktleistungen zur Erreichung von Kundenzufriedenheit zu analysieren und in ihre Teilleistungen zu zerlegen, deren Einfluß

Wettbewerbs-basis	Erfolgsfaktor	Gewichtung heute	Wettbewerbsvergleich*			
			Eigenes Unternehmen	Wettbewerber 1	Wettbewerber 2	Wettbewerber 3
Preis	Automatisierte Fertigung	1,0	3	5	2	3
	Computergesteuerte Logistik/Distribution	0,8	4	5	3	4
	Kurzfristige Preistaktik	0,6	5	2	3	2
Innovationsgrad der Produkte	Marktorientierte Entwicklungssteuerung	1,0	5	3	3	4
	Benutzergerechte Anwendungsentwicklung	1,0	4	3	3	5
	Verständliche Produktdokumentation	0,6	1	2	2	5
	Zusammenarbeit mit Pilotkunden	0,8	3	1	3	5
	...	...	...	...	...	...

* 5 = sehr gut; 4 = gut; 3 = mittel; 2 = schlecht; 1 = sehr schlecht

Abbildung 3-14: Die Wettbewerbsbasis und die daraus abgeleiteten Erfolgsfaktoren bestimmen die Marktposition (Beispiel)

auf die Kundenzufriedenheit bewertet und dementsprechend in Schlüssel-, Schrittmacher- und Basisleistung eingestuft werden kann. Auch hier muß die Bewertung für heute und für die Zukunft vorgenommen werden, um die Markttrends einzubeziehen.

Auf dieser Basis kann die Leistungsposition des eigenen Unternehmens im Verhältnis zu den wichtigsten Wettbewerbern bei den einzelnen Teilleistungen und dann, aggregiert, die Marktposition insgesamt bestimmt werden (siehe Abbildung 3-14).

Das beste Maß für die Beurteilung der Leistungsposition bei den einzelnen Teilleistungen und für die Einstufung der strategischen Relevanz der einzelnen Teilleistungen sind die Kunden, die nach dieser Systematik ausgeforscht werden können. Aber auch schon die Selbstbeurteilung durch die Mitarbeiter des Unternehmens in den einzelnen Funktionsbereichen liefert ein interessantes und meistens zutreffendes Bild der Marktposition. Meinungsverschiedenheiten, die dabei aufgedeckt und ausgeräumt werden können, machen in vielen Fällen den involvierten Verantwortungsträgern bewußt, wie widersprüchlich die Verhaltensweisen des Unternehmens im Markt gewesen sind.

Auch hier erlaubt die detaillierte Analyse und Bewertung der Marktposition, die kritischen Stärken und Schwächen bei der Erzielung von Kundenzufriedenheit zu erkennen und, darauf aufbauend, zu beurteilen, welche Möglich-

Wettbewerbsbasis	Strategische Bedeutung	Gewichtung heute	Gewichtung in Zukunft	Wettbewerbsvergleich*			
				Eigenes Unternehmen	Wettbewerber 1	Wettbewerber 2	Wettbewerber 3
Kundenberatung	Schlüsselleistung	1,0	0,8	4	4	3	3
Anwendungstechnische Unterstützung	Schlüsselleistung	1,0	0,9	5	4	5	4
Lieferfähigkeit	Basisleistung	0,5	0,3	4	5	5	5
Konstanz der Qualität	Basisleistung	0,5	0,3	4	4	5	3
Kenntnis der Produkt- und Marktanforderungen an die Kunden	Schrittmacherleistung	0,5	0,6	2	4	2	2
Systemfähigkeit	Schrittmacherleistung	0,2	0,8	1	4	1	3
Marktposition - heute				14,2	15,3	14,2	12,6
Marktposition - in Zukunft				12,1	15,1	11,9	12,0

* 5 = sehr gut; 4 = gut; 3 = mittel; 2 = schlecht; 1 = sehr schlecht

Abbildung 3-15: Bestimmung der Marktposition heute und in Zukunft
(Beispiel: Anbieter von chemischen Spezialitäten)

keiten das Unternehmen besitzt, um die Schwächen zu überwinden und die Stärken strategisch zu nutzen.

So kann durch Aufwandverlagerung bei unverändertem Ressourceneinsatz ein wesentlich wirkungsvolleres Leistungsmix eingeschlagen werden.

Im Markt für chemische Spezialitäten beispielsweise (siehe Abbildung 3-15) gehören zur Basis des Wettbewerbs heute Kundenberatung, anwendungstechnische Unterstützung, Lieferfähigkeit, Konstanz der Qualität und Kenntnis der Produkt- und Marktanforderungen, denen die Kunden ihrerseits ausgesetzt sind.

In Zukunft wird in vielen Marktsegmenten für chemische Spezialitäten Systemfähigkeit dazukommen, die sich darin äußert, daß das anbietende Unternehmen alle für eine spezifische Weiterverarbeitung erforderlichen Spezialprodukte und Hilfsmittel bereitstellen kann.

Ein auf *zukünftige* Strategievorteile ausgerichteter Wettbewerber legt sich Rechenschaft über die Entwicklungstendenzen der Marktanforderungen ab und beginnt, in Zukunft notwendige Fähigkeiten aufzubauen und sich entsprechend zu organisieren.

Systemfähigkeit und Kenntnis der Markt- und Produktanforderungen, denen seine Kunden gerecht werden müssen, stuft er als *Schrittmacherleistung* ein, mit der er ein besonders hohes Maß an Kundenzufriedenheit erreichen kann. Anwendungstechnische Unterstützung und Kundenberatung sind hingegen *Schlüsselleistungen*, in denen er sich im Tagesgeschäft mit den Wettbewerbern messen muß, und Lieferfähigkeit und Konstanz der Qualität sind als Basisleistungen einzustufen, mit denen nur noch ein niedriger Effekt der Kundenzufriedenheit erzielt werden kann. Die Unterschreitung des erwarteten Qualitätsniveaus kann hier allerdings zu einem Abbruch der Kundenbeziehungen führen.

Im vorliegenden Beispiel bietet der dargestellte Hersteller von chemischen Spezialitäten zwar bei den Schlüsselleistungen eine führende Leistungsqualität, liegt aber bei den Basisleistungen an der unteren tolerierbaren Qualitätsgrenze und ist bei den Schrittmacherleistungen im Begriff, abgehängt zu werden. Die Marktdynamik droht, seine Schwäche bei den Schrittmacherleistungen noch stärker in Erscheinung treten zu lassen.

Die strategische Konsequenz für dieses Unternehmen besteht darin, Maßnahmen zu ergreifen, um die Kenntnis der Markt- und Produktanforderungen zu erhöhen, denen seine Kunden gerecht werden müssen, und seine Systemfähigkeit zu verbessern. Die sich anbietende Maßnahme ist die Einführung eines Key-Account-Managements, das insbesondere deswegen naheliegt, weil der Markt durch eine begrenzte Zahl von Großkunden charakterisiert ist.

Aus der Technologie- und der Marktposition, und zwar nur unter Berücksichtigung beider, können die strategischen Möglichkeiten des Unternehmens bezüglich seiner Produkt- und Technologieentwicklung abgeleitet werden. Investitionen in Produktinnovationen nützen nichts, wenn die Marktposition zu schwach ist, um die Innovationen im Markt durchzusetzen. Aber auch eine starke Marktposition kann auf Dauer nicht gehalten werden, wenn nicht eine innovative Produkt- und Technologiestrategie verfolgt wird. An dem ersten Dilemma scheitern viele junge High-Tech-Unternehmen, das zweite Dilemma traf in jüngster Zeit IBM.

Es ist demnach wichtig, die technologischen Trends frühzeitig zu erkennen und zu berücksichtigen, aber für eine erfolgreiche Produktstrategie reicht diese Kenntnis nicht aus. Ohne den spezifischen Produktkontext sind Technologieentwicklungen heute gefährlich, nicht etwa wegen der Technologiefolgen (die ja auch nur im Produktzusammenhang entstehen), sondern wegen der hohen Aufwendungen, die fehlgeleitet werden können, wenn der Nutzen für die Kunden nicht dargestellt und die Marktposition für die marktmäßige Umsetzung nicht aufgebaut werden kann.

Aber am wenigsten wert ist eine kostengünstige Fertigung ohne attraktive Produkte und ohne starke Marktposition, wie die Wirtschaftsprobleme der osteuropäischen Länder und der Entwicklungsländer zeigen.

Das Management erfolgreicher Produkte erfordert daher:

- die Kenntnis und den Zugang zu den Schlüssel- und Schrittmachertechnologien eines Produktbereichs,
- die Fähigkeit, die Technologien in Produkten zu hohem Nutzen für die Kunden und mit hoher Differenzierung gegenüber den Wettbewerbern zu verbinden,
- die Möglichkeit, die Technologie- und Produktentwicklung und die Fertigung kostenoptimal durchzuführen,
- die Marktposition, um die Produkte schnell und umfassend im relevanten Marktgebiet zu vermarkten und zu betreuen.

Der Aufbau dieser Kompetenzen um ein Produktgebiet herum erwächst aus dem durchdachten Management des Produktentwicklungsprozesses.

Viertes Kapitel

Der Produktentwicklungsprozeß und sein Management

4.1 Zur Produktivität des Kundennutzen-Optimierungsprozesses

Wenn Produkte und Leistungen die entscheidende Basis bilden, auf der Unternehmen ihren Bestand begründen, um die herum sie sich organisieren und deren Existenzberechtigung im Markt auch die Existenzberechtigung der Unternehmen ausmacht, dann stellt die Entwicklung neuer Produkte und Leistungen ihre wichtigste Funktion dar.

Sind die Produkte und Leistungen eines Unternehmens im Markt überflüssig, dann ist auch das Unternehmen überflüssig. Da hilft kein Marketing, kein Finanzmanagement und keine noch so zackige Führung.

Es ist immer wieder erschütternd zu sehen, wie schnell ganze Werke zu Industrieruinen werden, wie Lagerbestände selbst zu Schleuderpreisen nicht mehr abgesetzt werden können, wie eingespielte Arbeitsorganisationen auseinanderfallen und Arbeitslose übrig bleiben, wenn die Produkte nicht mehr aktuell sind. So geschehen mit den Schreibmaschinen von Olympia, mit den Schiffen von Blohm & Voss, mit dem Stahl von Saarstahl und der Hoesch-Werke in Rheinhausen, mit den Fasern von Rhodia in Rottweil und von Enka in Oberbruch.

Der Kundennutzen-Optimierungsprozeß muß daher das zentrale Anliegen des gesamten Unternehmens sein.

Um so erstaunlicher ist es, daß gerade dieser Prozeß in den meisten Unternehmen nicht als zusammenhängender Prozeß verstanden wird, sondern als ungesteuertes Zusammenwirken einer Vielzahl von Teilprozessen abläuft, lückenhaft, mit beträchtlichen Reibungsverlusten und mit zweifelhaften Ergebnissen.

Da gibt es den Funktionsbereich Forschung und Entwicklung, von dem Produktentwicklung in erster Linie als die technische Entwicklung nach technischen Spezifikationen verstanden wird. Innerhalb der Forschung und Entwicklung gibt es die einzelnen spezialisierten Abteilungen wie die Elektronische Entwicklung, die Mechanische Entwicklung, die Softwareentwicklung oder, in der Chemie, die Substanzfindung, die Analytik, die Anwendungsentwicklung und die Verfahrensentwicklung, die eifersüchtig darüber wachen, daß ihre Fachinteressen nicht auf die leichte Schulter genommen werden und daß sie, jede für sich, die Kontrolle über das Geschehen wahren. Da gibt es Marketing und Vertrieb, die Produktentwicklung vor allen Dingen als Reaktion auf Kundenwünsche und Neuentwicklungen der Wettbewerber sehen wollen. Da gibt es die Konstruktion bzw. bei prozeßorientierten Produkten die Verfahrenstechnik, die Produktentwicklung als Anpassung von F&E-Phantastereien an die Möglichkeiten und Anforderungen der vorhandenen Fertigungstechnik sehen.

Da ist schließlich die Unternehmensleitung, die oft aus Rentabilitätsüberlegungen heraus Einschränkungen des Investitionsvolumens ausspricht und Druck auf die Herstellkosten ausübt, gleichzeitig aber in den letzten Phasen der Entwicklung noch Änderungswünsche einbringt.

Selbst in Unternehmen, in denen diese widersprüchlichen Einflüsse durch einen formalen Projektphasenplan gemildert sind, kommt es zwischen den Beteiligten selten zu einem konstruktiven Austausch der Informationen zur rechten Zeit, noch zu einer Optimierung der Abläufe und Entscheidungen.

Was auf der Strecke bleibt, ist die Produktivität des Kundennutzen-Optimierungsprozesses insgesamt, zugunsten der von Teilprozessen, die aus Abteilung und Partikularinteressen heraus suboptimiert werden, aber dem Ziel des Gesamtprozesses Abbruch tun.

Die Produktivität des Kundennutzen-Optimierungsprozesses ist schwer zu messen, denn das Maß müßte die Kunden- und Anwendungsgerechtheit der entwickelten Produkte, ihr Wert für die Kunden, im Verhältnis zu den eingesetzten Ressourcen, zum verfügbaren Know-how und zur abverlangten Managementzeit sein. Auf der Ressourcenseite können wir den Mitteleinsatz, das bereitstehende Know-how und die verbrauchte Managementzeit quantifizieren, auf der Nutzenseite die Qualität der entwickelten Produkte, die Zeitgerechtheit der Bereitstellung und die Kosten-Nutzen-Relation. Aber der Innovationsgrad und der Differenzierungsvorteil drücken sich in nicht leicht zu korrelierender Weise erst im Ertrag des Unternehmens aus, vielleicht noch heruntergebrochen auf Deckungsbeiträge einzelner Produkte.

Als Qualität der entwickelten Produkte müssen wir hier die Design- und Funktionsintegrität der Produkte, ihre Anwendungsgerechtheit und ihren Zusatznutzen sowie die Struktur des Produktspektrums im Hinblick auf spezifische Zielgruppen und Anwendungssegmente verstehen.

Zur Zeitgerechtheit gehört, daß die entwickelten Produkte regelmäßig und zuverlässig zum strategisch geplanten Zeitpunkt bereitgestellt werden und daß die Entwicklungszeit so kurz wie möglich gehalten wird, um die Entwicklungsvorhaben dichter am Einführungszeitpunkt starten zu können (und so die Unsicherheit über die Marktentwicklung während der Entwicklungszeit zu reduzieren).

Unter Einhaltung der Kosten-Nutzen-Relation ist zu verstehen: die geplanten Spezifikationen und die dafür als durchsetzbar angesehenen Preise können gehalten werden, ohne Abstriche bei den Erträgen machen zu müssen, so daß die Amortisationszeit der Investitionen geringer als die Lebenszeit der Produkte im Markt ist.

Eine der besten Manifestationen hoher Produktivität des Kundennutzen-Optimierungsprozesses besteht darin, daß das Unternehmen bei denselben Entwicklungsressourcen in immer kürzerer Folge immer mehr neue Produkte auf den Markt bringen kann, die insgesamt dem Unternehmen verhelfen, seinen Marktanteil in dem betroffenen Produktbereich zu steigern.

Ein Paradebeispiel hierfür ist Sony, dem es gelang, innerhalb von 5 Jahren durch Erhöhung der Modellzahl seiner Walkman-Serie und Verkürzung der Entwicklungszeit auf die Hälfte den unter Beschuß stehenden Marktanteil von 20 % auf 40 % zu erhöhen (siehe Abbildung 4-1).

Welche Ansätze gibt es, um die Produktivität des Kundennutzen-Optimierungsprozesses zu erhöhen?

Aus der Erfahrung von Arthur D. Little stehen den Unternehmen fünf wesentliche Ansätze zur Verfügung:

– Der operative Ansatz,
    das heißt das Management der einzelnen Produktentwicklungsvorhaben,

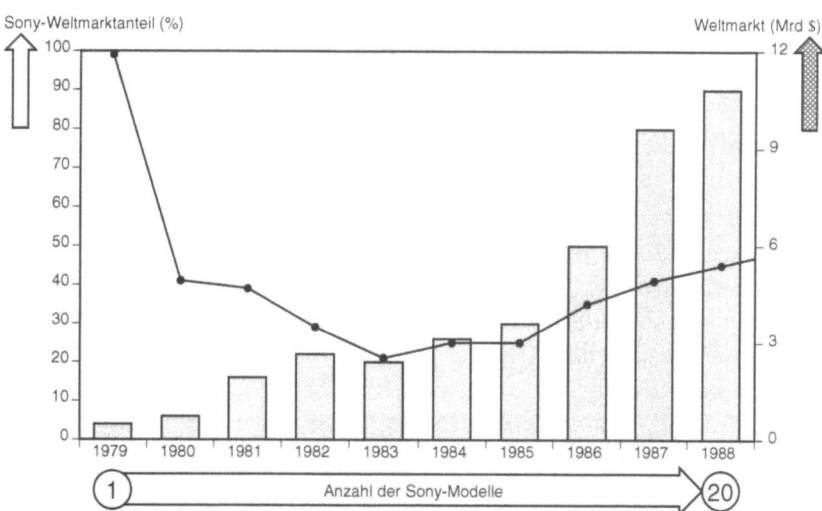

Abbildung 4-1: Sony gelang es durch eine Proliferationsstrategie, seinen Marktanteil beim Walkman seit 1983 von 20 % auf 40 % zu erhöhen (Quelle: Sony)

- der entwicklungsstrategische Ansatz,
  das heißt das Management des Portfolios von Produktentwicklungsvorhaben,

- der kognitive Ansatz,
  das heißt das Management des Wissens über Märkte, Kunden, Wettbewerber, Technologien und Anwendungstrends,

- der unternehmensstrategische Ansatz,
  das heißt die Abstimmung von Unternehmensstrategie, Produktstrategie, Technologiestrategie und Produktentwicklungsprioritäten,

- der organisatorische Ansatz,
  das heißt das Management der Human-Ressourcen, der Abläufe, Entscheidungsprozesse und Koordinationsvorgänge.

4.2 Wo sehen die Unternehmensführer die Probleme?

Arthur D. Little führte bei 700 Vorständen und Geschäftsführern in Europa, USA und Japan eine Untersuchung über die von ihnen beobachteten Schwachstellen im Kundennutzen-Optimierungsprozeß durch[1] und deckte für jeden der Ansätze die am weitesten verbreiteten Verbesserungspotentiale auf.

● Operative Probleme

Bei der operativen Durchführung des Kundennutzen-Optimierungsprozesses erweist sich, daß die ungenügende Aufmerksamkeit für die Erarbeitung der Produktspezifikationen und für die Analyse der Kundenanforderungen sowie das Fehlen von Richtlinien für den Kundennutzen-Optimierungsprozeß die Hauptprobleme darstellen (siehe Abbildung 4-2). Selbst auf der Ebene des einzelnen Entwicklungsvorhabens laufen die Dinge falsch: Was aus der Sicht der Kunden zählt und welche Prioritäten hierbei bestehen, wie das Unternehmen hierauf reagieren will, bleibt zu lange im gesamten Prozeß unklar, führt zu aufwendigen und immer wieder in letzter Minute veranlaßten Modi-

---
1 Vgl. ARTHUR D. LITTLE: ADL Product Innovation Survey; Cambridge, Mass. 1992

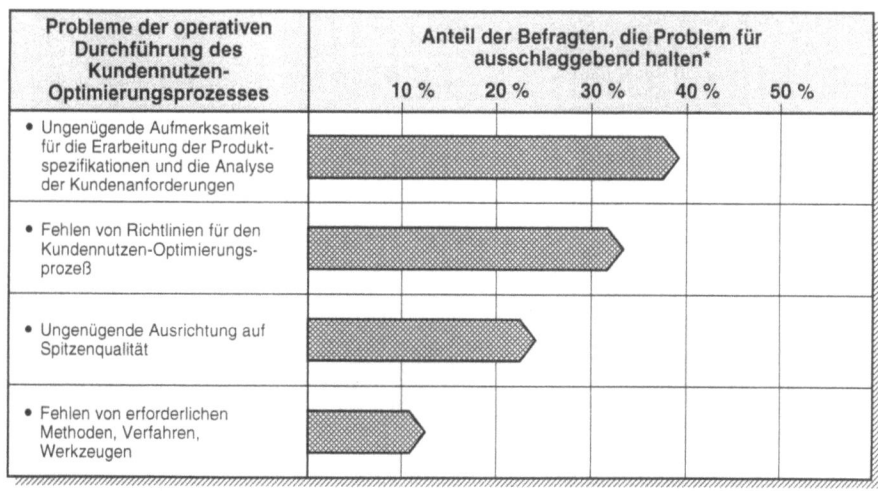

Abbildung 4-2: Probleme der operativen Durchführung des Kundennutzen-Optimierungsprozesses (Quelle: ADL Product Inovation Survey, 1992)

fikationen und treibt die Kosten hoch; wie die Auseinandersetzung hierüber geführt wird, ist weitgehend ungeregelt, von Kontroversen und Meinungskämpfen geprägt und führt zu Zeitverlusten.

Bei einem deutschen Werkzeugmaschinenhersteller beispielsweise setzte sich der gesamte Entwicklungsaufwand von 168 Mannjahren pro neuer Werkzeugmaschine zu 20 % aus der Entwicklungstätigkeit bis zur Übergabe an die Fertigung, zu 35 % aus Änderungs- und Detaillierungsaufwand in der Konstruktion und Entwicklungsabteilung bei der Vorbereitung für die Serienfertigung und zu 45 % aus Änderungsaufwand nach Beginn der Serienproduktion zusammen (siehe Abbildung 4-3). Durch operative Verbesserungen im Projektablauf konnten sehr schnell 40 % des Änderungsaufwands eliminiert und über 3.000 TDM an Entwicklungskosten und über 3.550 TDM an Werkzeugkosten eingespart werden.

- Entwicklungsstrategische Probleme

Die entwicklungsstrategischen Probleme werden von den befragten Vorständen und Geschäftsführern als noch viel gravierender als die operativen eingeschätzt (siehe Abbildung 4-4).

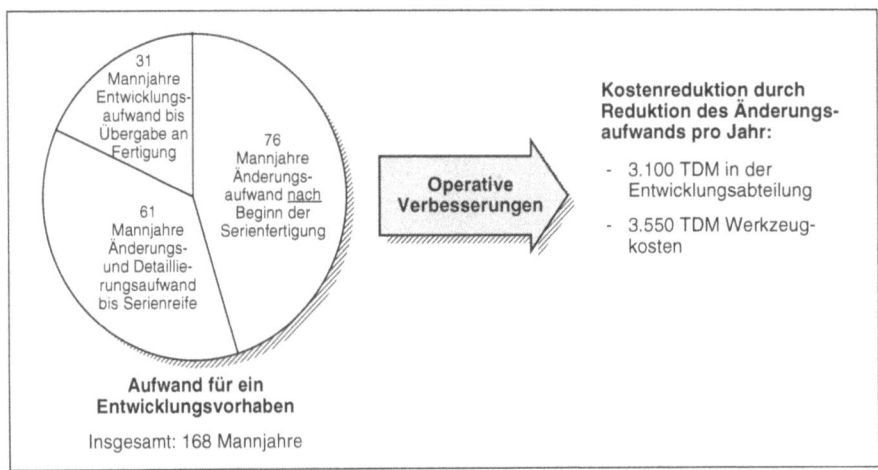

Abbildung 4-3: Auswirkung der operativen Verbesserung des Entwicklungsablaufs, Beispiel: Deutscher Werkzeugmaschinenhersteller (Quelle: ADL-Projekt)

Hier rangieren die ungenügende Planung der Produkt- und Technologieportfolien zur Optimierung des Ressourceneinsatzes insgesamt, die internen Widerstände gegen Planung, der Mangel an Disziplin in der Einhaltung von Zusagen und die mangelnde Zusammenarbeit der einzelnen Funktionsbereiche unterhalb der Führungsebene an oberster Stelle.

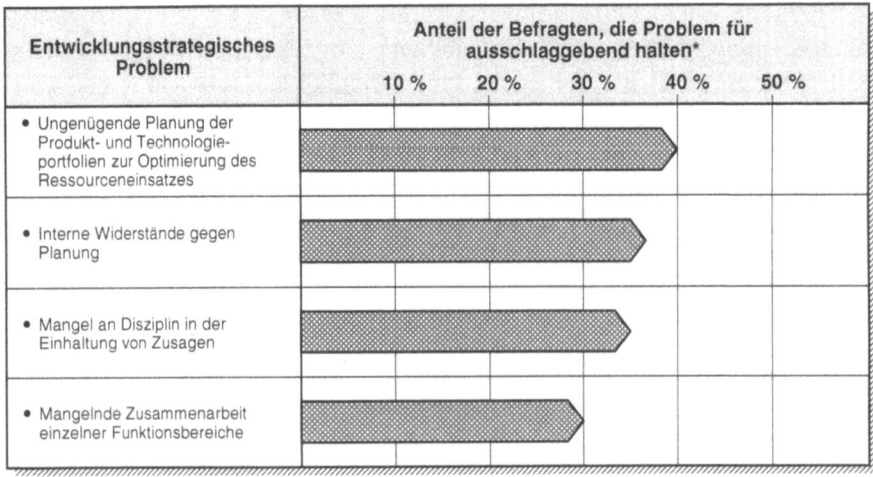

* Mehrfachnennungen möglich

Abbildung 4-4: Entwicklungsstrategische Probleme
(Quelle: ADL Product Innovation Survey, 1992)

„Pläne erfüllen sich ohnehin nicht, weil zuviel Unerwartetes passiert", ist häufig die Grundaussage, die die Disziplin der Planeinhaltung beeinträchtigt und dazu führt, daß die Angaben für die Planung nicht ernst genommen werden, so daß die Unzuverlässigkeit der Planungen gerade von denjenigen verursacht wird, die sie kritisieren. Dadurch wird aber die Abstimmung zwischen den einzelnen Funktionsbereichen des Unternehmens über Produkt- und Technologiestrategien ad absurdum geführt.

Bei einem europäischen Hersteller von Baumaschinen entstand so eine Diskrepanz zwischen dem verfügbaren Entwicklungsbudget vom 137 Mannjahren pro Jahr und den Anforderungen für Produktentwicklung, Produktwartung und „trouble shooting" von 171 Mannjahren. Diese Diskrepanz konnte durch eine bessere Abstimmung und Planung der Entwicklungsstrategie und durch Fallenlassen von strategisch unwichtigen Projekten aus dem Weg geräumt werden.

- Probleme der Markt-, Kunden- und Wettbewerbskenntnis

Der Mangel von Kenntnissen über den Markt, die Kunden und die Wettbewerber und die daraus resultierende unzureichende Kundenorientierung werden von den befragten Vorständen und Geschäftsführern als die schwerwiegendsten kognitiven Probleme eingestuft (siehe Abbildung 4-5).

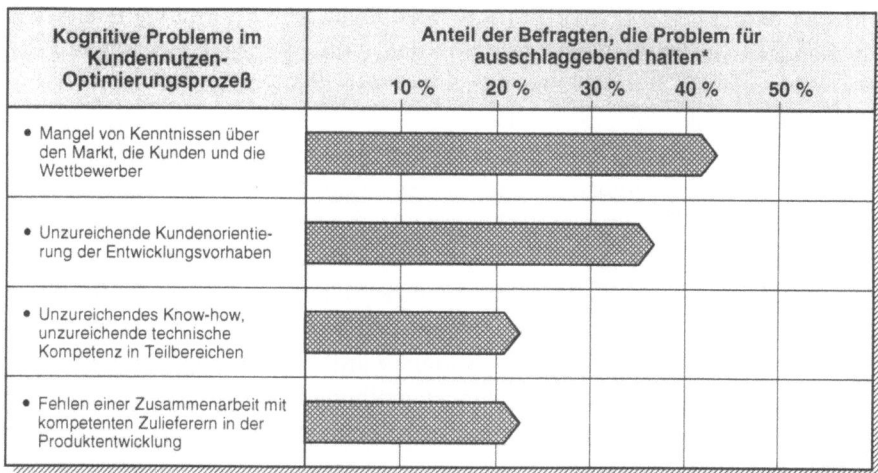

Abbildung 4-5: Kognitive Probleme im Kundennutzen-Optimierungsprozeß
(Quelle: ADL Product Innovation Survey, 1992)

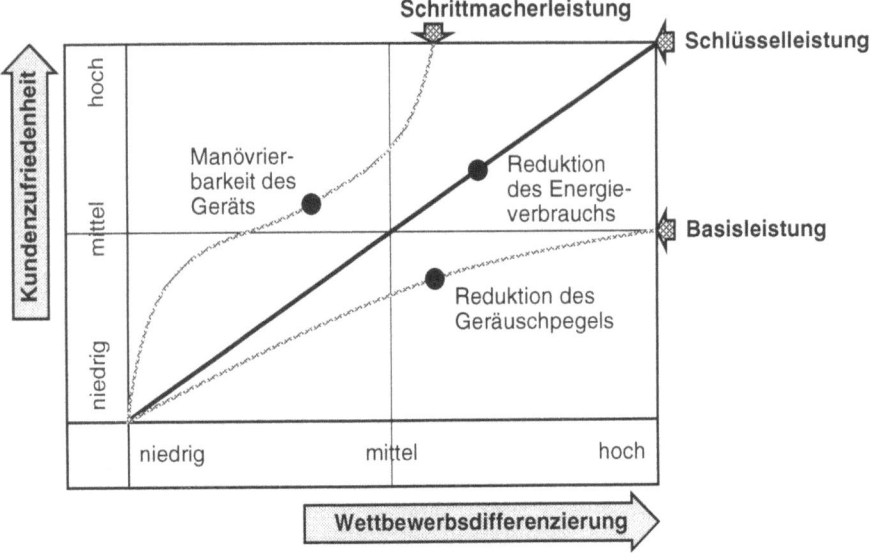

Abbildung 4-6: Ermittlung der strategischen Entwicklungsschwerpunkte, Beispiel: Hersteller von Staubsaugern (Quelle: ADL-Projekt)

Ein Hersteller von Staubsaugern überwand die Unsicherheit über die strategisch sinnvollsten Entwicklungsschwerpunkte für seine neue Staubsaugergeneration erst, als er durch eine systematische Analyse der Wettbewerbsprodukte und der Kundenbedürfnisse herausgefunden hatte, daß er zwischen Basis-, Schlüssel- und -Schrittmacherleistungen seiner Produkte unterscheiden mußte. Während die Unterschreitung eines vorgegebenen oberen Geräuschpegels als Basisleistung eingestuft werden konnte, bei der weitere Verbesserungen zwar einen hohen Aufwand erfordern, aber zu keiner nennenswerten Steigerung der Kundenzufriedenheit mehr führen würden, erwies sich der Energieverbrauch als eine Differenzierung, die in der Verkaufsargumentation und bei der Kaufentscheidung der Kunden eine große Rolle spielte. Eine überdurchschnittliche Wirkung auf die Kundenzufriedenheit hatte ferner die Manövrierbarkeit, das heißt das benutzerfreundliche Design der Produkte, wo bereits kleine Vorsprünge gegenüber den Wettbewerbern mit einem starken Plus an Kundenzufriedenheit belohnt wurden. Der Hersteller konnte nun den Schwerpunkt seiner Entwicklungsbemühungen auf geringen Energieverbrauch und ergonomisches Design seiner Staubsaugergeneration legen (siehe Abbildung 4-6).

- Unternehmensstrategische Probleme

Die unternehmensstrategische Einbindung des Kundennutzen-Optimierungsprozesses wird von den befragten Vorständen und Geschäftsführern in erster Linie wegen des Fehlens einer Produktvision und wegen der zu starken Orientierung auf die eigenen Entwicklungsressourcen als Problem angesehen (siehe Abbildung 4-7). Den Unternehmen fehlen stabile Ziele, in welcher Richtung sie sich mit ihrem Produkt- und Leistungsangebot entwickeln sollen. Produktentwicklung ist daher in der Mehrheit der Fälle ein Schritt vom bestehenden Produkt- und Leistungsangebot weg, bestimmt von den Zufälligkeiten neuer technischer Möglichkeiten oder neuer Wettbewerbsanforderungen.

Dem Auto folgt ein besseres Auto. Alle Veränderungen und Verbesserungen sind möglicherweise gleichgewichtig, Produkte werden gebremst oder beschleunigt, je nachdem wie der aktuelle Markt es zu erfordern scheint. An die enormen Möglichkeiten des Bezugs von Know-how von außen wird zu wenig gedacht – die strategischen Begrenzungen resultieren daher immer wieder unnötigerweise aus der mangelnden Bereitschaft und Erfahrung der Zusammenarbeit mit Partnern.

So verschob sich der Einführungszeitpunkt einer neuen Produktgeneration bei einem Hersteller von Flurförderfahrzeugen um 5 Jahre, weil die Entwicklung

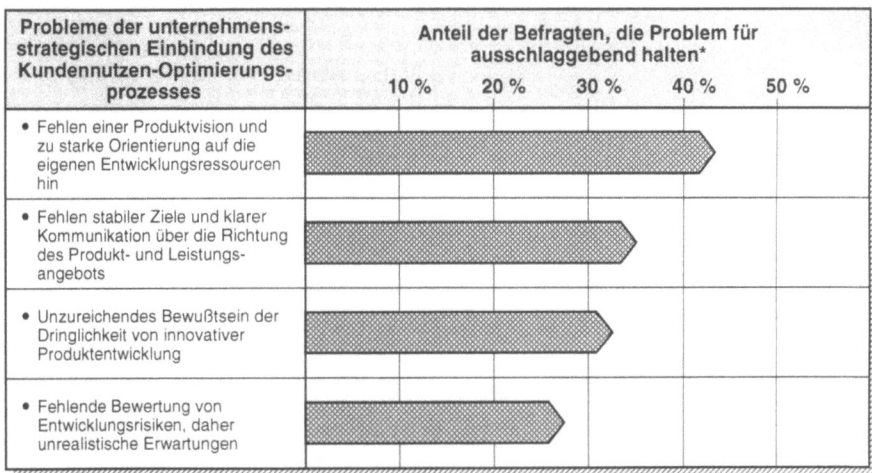

* Mehrfachnennungen möglich

Abbildung 4-7: Probleme der unternehmensstrategischen Einbindung des Kundennutzen-Optimierungsprozesses
(Quelle: ADL Product Innovation Survey, 1992)

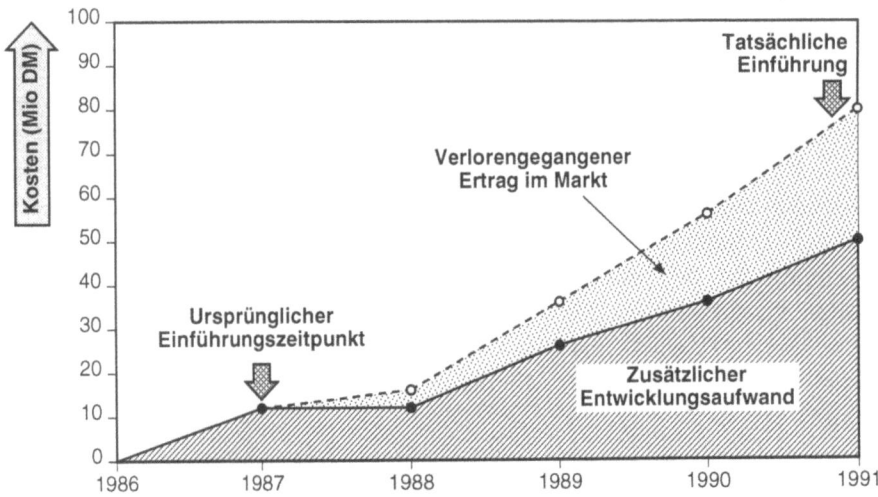

Abbildung 4-8: Folgen der Verzögerung des Einführungszeitpunkts einer neuen Produktgeneration, Beispiel: Hersteller von Flurförderfahrzeugen
(Quelle: ADL-Projekt)

der automatischen Steuerung immer wieder verändert und anfangs nicht erkannten Marktanforderungen angepaßt werden mußte, vor allen Dingen aber, weil es keine Verbindung zur Unternehmensstrategie gab und daher kein Druck entstand, aus Zeitgründen mit Partnern in der Steuerungselektronik zusammenzuarbeiten.

Die Kosten der Verzögerung waren 40 Millionen DM zusätzlicher Entwicklungskosten und 30 Millionen DM an verloren gegangenem Ertrag durch überhöhte Herstellkosten der selbstentwickelten Steuerungselektronik (siehe Abbildung 4-8).

- Organisatorische Probleme

Zu den wichtigsten Problemen der Produktentwicklung gehören organisatorische, so die befragten Vorstände und Geschäftsführer (siehe Abbildung 4-9), allen voran der Mangel an qualifizierten Managern des Kundennutzen-Optimierungsprozesses. Unklare, umständliche Entscheidungsprozesse und fragmentierte sequentielle Abläufe des Projekt- und Programm-Managements folgen.

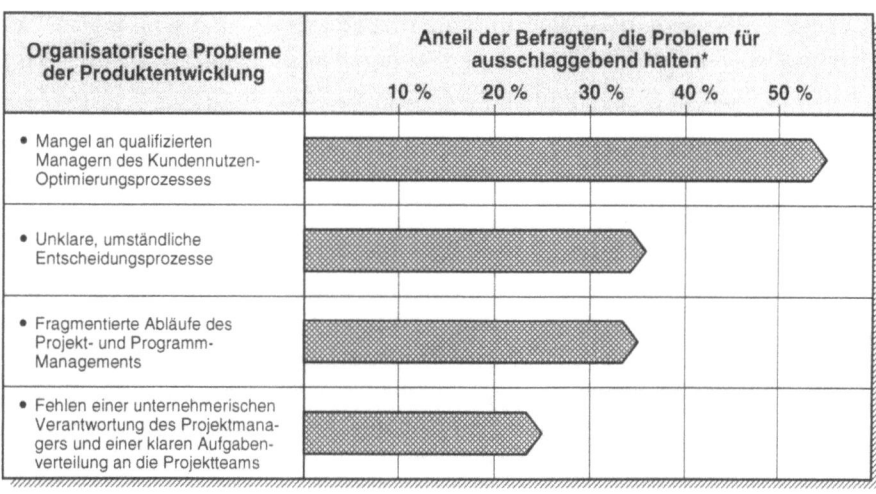

Abbildung 4-9: Organisatorische Probleme der Produktentwicklung
(Quelle: ADL Product Innovation Survey, 1992)

Der beklagte Mangel an qualifizierten Projektleitern entspringt aber in vielen Fällen dem Mangel an einem klaren und durchdachten Projektmanagementsystem, das den Projektleitern die Autorität vermittelt und ihnen die Planungssicherheit gibt, um ihre Projekte den Anforderungen und Möglichkeiten entsprechend zu steuern. Das gilt insbesondere für den Zugriff auf die Mitglieder der Projektteams und für die Abstimmungsprozeduren mit den verschiedenen Funktionsbereichen des Unternehmens.

In vielen Unternehmen, die von sich behaupten, daß sie „Projektmanagement" in ihrer Produktentwicklung eingeführt hätten, sind die Projektleiter nichts als bittstellende Koordinatoren, die den Abteilungsleitern der einzelnen Fachbereiche hinterherlaufen müssen, um die Unterstützung für ihre Projekte zu erhalten. In der Regel unterstehen sie einem der Fachbereichsleiter in der Entwicklungsabteilung, so daß sie zumindest dem Verdacht ausgesetzt sind, einseitige Interessen zu vertreten und sich dadurch bereits Widerstände einhandeln.

Die eindeutige Bevollmächtigung der Projektleiter, ihre Herauslösung aus der Linienorganisation und die klare Organisation des gesamten Kundennutzen-Optimierungsprozesses bewirkten bei einem Hersteller von Klimaanlagen für Bürogebäude eine Verkürzung der Entwicklungsdurchlaufzeiten um 50 %. Gleichzeitig erhöhte sich die Marktorientierung des ganzen Unternehmens, so daß die neuen Klimaanlagen leichter zu installieren sind und von den Nutzern besser gesteuert werden können.

Um die Verbesserungsansätze in einem transparenten und geordneten Gesamtprozeß durchzusetzen, muß das Unternehmen zunächst ein Konzept dessen besitzen, was sich im Kundennutzen-Optimierungsprozeß abspielt.

Es ist klar, daß die beiden Funktionsbereiche Forschung und Entwicklung auf der einen Seite und Marketing und Vertrieb auf der anderen Seite den Prozeß von Anfang bis Ende treiben müssen. Denn Forschung und Entwicklung muß die technologischen Entwicklungen und Möglichkeiten einbringen und muß die Wettbewerber im Hinblick auf ihre technische Leistungsfähigkeit und Entwicklungsschwerpunkte beobachten, während Marketing und Vertrieb die Bedarfsentwicklung und die Möglichkeiten erhöhten Produktnutzens erforschen und einbringen und die Wettbewerber im Hinblick auf ihre Marktpositionierung, ihre Marketingstrategien und ihre Argumentationsschwerpunkte beobachten muß. So teilen sich beide Funktionsbereiche die Wettbewerbsbeobachtung und können die Markt- und Produktstrategie des Unternehmens in einem gegebenen Produktbereich abstimmen. Dazu beziehen sie die anderen relevanten Funktionsbereiche des Unternehmens mit ein, insbesondere die Produktion, die Beschaffung, die Logistik und das Controlling, um alle Randbedingungen der Markt- und Produktstrategie von vornherein berücksichtigen und die Beiträge dieser Funktionsbereiche zeitgerecht und umfassend einholen zu können (siehe Abbildung 4-10).

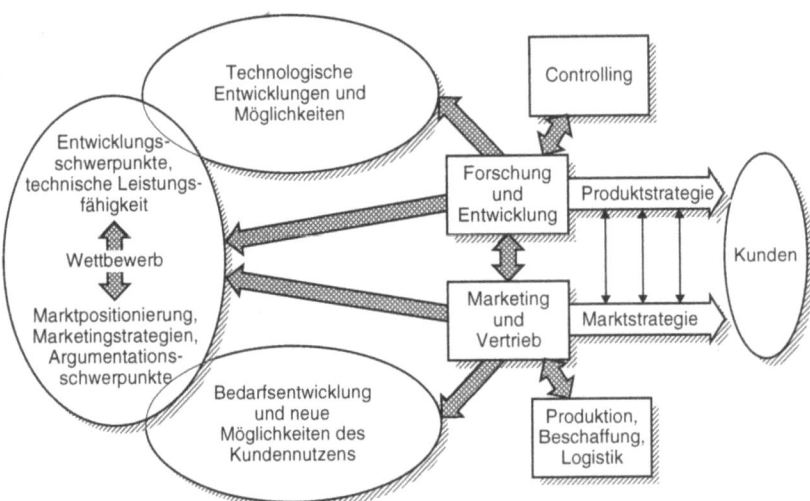

Abbildung 4-10: Konzept des Kundennutzen-Optimierungsprozesses

4.3 Etappen des Kundennutzen-Optimierungsprozesses

Einer der wichtigsten Effekte des Kundennutzen-Optimierungsprozesses besteht darin, die Ziele der Markt- und Produktstrategie mit den strategischen Zielen des Unternehmens in Übereinstimmung zu bringen und diese Ziele zu dokumentieren, im Unternehmen bekannt und plausibel zu machen und sie in einem Maß zu detaillieren, daß daraus Produktentwicklungsprioritäten und Technologiestrategien abgeleitet werden können (siehe Abbildung 4-11). Die Prioritätensetzung muß unter der Regie der Unternehmensleitung erfolgen, denn durch ihn wird der Existenzanspruch des Unternehmens ebenso definiert wie der Einsatz seiner kritischsten Ressourcen.

Auf dieser Basis kann das anzustrebende Produktportfolio charakterisiert werden, das Ausdruck der Markt- und Produktstrategie ist und die Grundlage der Produktentwicklungsplanung darstellt.

Hierzu ist eine Analyse der Defizite des Kundennutzens und der technischen Möglichkeiten zur Überwindung der Defizite erforderlich, um aus der Markt- und Technologieposition des Unternehmens in dem betreffenden Produktbereich die geeignetsten Technologien abzuleiten.

Ebenso muß ein Zeitplan für die strategiegerechte Einführung der zu entwickelnden Produkte und Leistungsmerkmale festgelegt werden (siehe Abbildung 4-12).

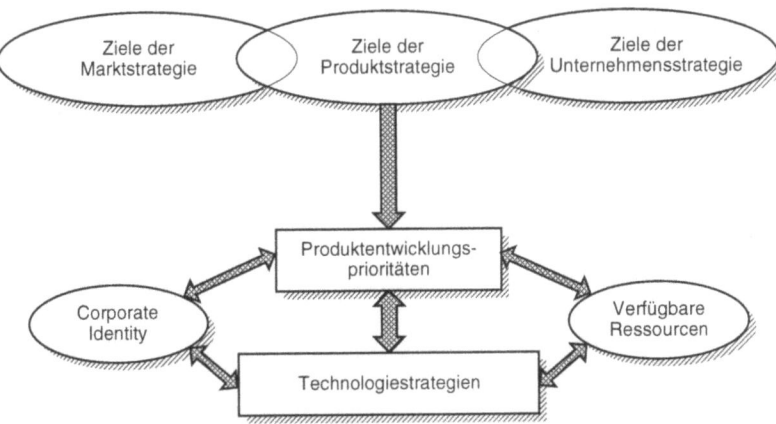

Abbildung 4-11: Einer der wichtigsten Effekte des Kundennutzen-Optimierungsprozesses ist die Abstimmung der Unternehmensstrategie mit der Markt- und Produktstrategie

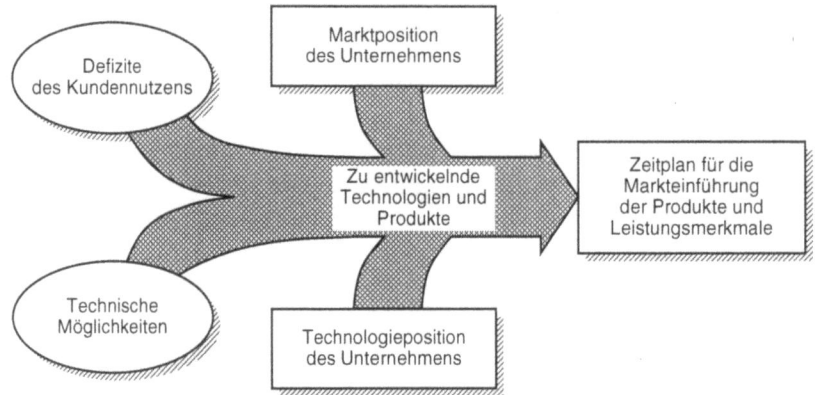

Abbildung 4-12: Ein weiterer Effekt des Kundennutzen-Optimierungsprozesses ist die Definition des Produktportfolios und des Zeitplans für die Markteinführung

Darauf aufbauend kann dann das Portfolio von Entwicklungsvorhaben zusammengestellt werden, durch das die Projekte mit dem günstigsten Mix von Attraktivität und Risiko zu einem Entwicklungsprogramm ausgewählt und in die Umsetzung überführt werden (siehe Abbildung 4-13).

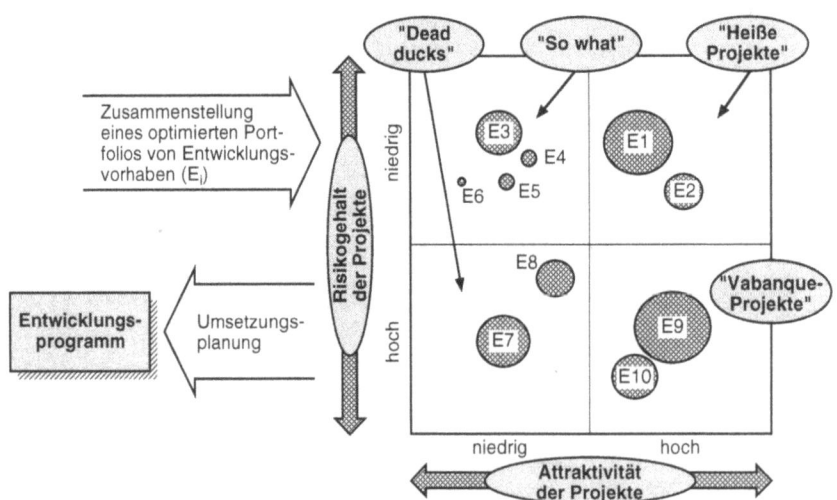

Abbildung 4-13: Im Kundennutzen-Optimierungsprozeß wird das Portfolio der Entwicklungsprojekte optimiert

Abbildung 4-14: Die zwei Etappen des Kundennutzen-Optimierungsprozesses

Bisher ging es darum, „die richtigen Dinge zu tun", richtig im Sinne von strategisch optimiert und auf der Basis der Beiträge aller Verantwortungsbereiche im Unternehmen.

Von da an muß der Akzent darauf liegen, „die Dinge richtig zu tun", das heißt, die Projekte und das gesamte Entwicklungsprogramm so effizient und zielgerecht wie möglich abzuwickeln, wobei durch ständige Markt- und Wettbewerbsbeobachtung sichergestellt werden muß, daß das Entwicklungsportfolio auch im Zeitverlauf das optimale Mix von Attraktivität und Risiko darstellt.[2]

„Die Dinge richtig zu tun" endet nicht mit dem Abschluß eines Entwicklungsprojektes in der Entwicklungsabteilung, sondern beinhaltet die Überführung in die Fertigung und schließlich die Einführung der Produkte in den Markt. Denn die Amortisation der Entwicklungsaufwendungen ist Bestandteil des Kundennutzen-Optimierungsprozesses (siehe Abbildung 4-14).

Der gesamte Prozeß muß so organisiert werden, daß er dem Unternehmen erlaubt, die größtmöglichen Vorteile im Produktwettbewerb zu realisieren: Schnelligkeit und Kosteneffizienz der Entwicklung, einen hohen Innovationsgrad und Nutzenvorsprung der Produkte, eine überdurchschnittliche Intensität der Kundenbeziehungen und Einsatzmotivation der Mitarbeiter des Unternehmens.

---

[2] Vgl. ARTHUR D. LITTLE (Hrsg.): Management der F&E-Strategie; Wiesbaden 1991

4.4 Strategisches Projektmanagement

Die wichtigste Voraussetzung für die schnelle und kosteneffiziente Durchführung von Produktentwicklungsprojekten ist das strategische Projektmanagement.

Im Gegensatz zum Proforma-Projektmanagement erhält der *Projektleiter beim strategischen Projektmanagement* volle Autorität über die für das Projekt erforderlichen Ressourcen (siehe Abbildung 4-15). Um diese Autorität und den erforderlichen Personal- und Mitteleinsatz zu rechtfertigen, muß der Projektleiter ähnlich wie ein Venture-Unternehmer, der eine Finanzierung für sein Venture sucht, einen Projektplan erarbeiten und darlegen, welche Marktperspektiven er mit dem zu entwickelnden Produkt zu eröffnen versucht, welche Erfolgsbedingungen er erfüllen muß und welche technischen und wirtschaftlichen Risiken mit dem Projekt verbunden sind. Um diesen Projektplan zu erstellen, benötigt der Projektleiter die Hilfe der Marketing- und Vertriebsseite, die für die Markteinschätzung, für das als erreichbar angesehene Umsatz- und Ertragsvolumen und für die realistische Einschätzung der wirtschaftlichen Risiken gerade stehen muß.

Dafür wiederum ist eine ausreichende Präzisierung des verfolgten Produktkonzepts erforderlich, das der Projektleiter in Zusammenarbeit mit den technischen Experten und unter Berücksichtigung der Fertigung entwickeln muß.

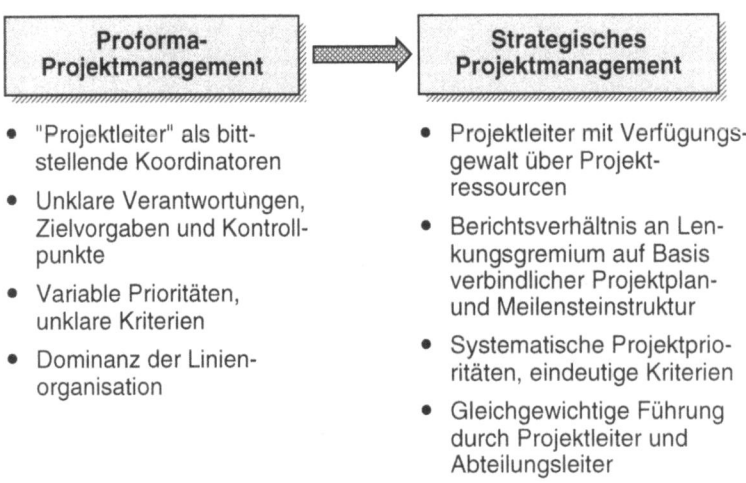

Abbildung 4-15: Vom Proforma-Projektmanagement zum strategischen Projektmanagement

Schließlich muß der Projektplan den Personal- und Mitteleinsatz im gesamten Projektverlauf, das heißt auch die Investitionsanforderungen in der Fertigung und den Markteinführungsaufwand auf Seiten des Marketing und des Vertriebs präzisieren und strategisch begründete Zeitziele festlegen.

Dieser Projektplan zusammen mit einem Vorschlag des dafür verantwortlichen multifunktionalen Projektteams muß einem *Lenkungsausschuß* zur Entscheidung vorgelegt werden, in dem die Verantwortlichen der beteiligten Funktionsbereiche und die Unternehmensleitung vertreten sind.

Wir werden später sehen, wie dieser Produktentwicklungs-Lenkungsausschuß seine Entscheidungen fällt. Wichtig bei unserer Betrachtung hier ist, daß der Lenkungsausschuß im Fall einer positiven Entscheidung die Verantwortung für das zur Debatte stehende Projekt übernimmt, wie eine Geschäftsleitung die Verantwortung für eine beschlossene Investition übernimmt. Sie überträgt dem Projektleiter die Autorität, im Rahmen des Projektplans über alle benötigten Ressourcen zu verfügen. Wesentlicher Bestandteil des Projektplans ist ein Projektphasenkonzept mit Zwischenzielen zu definierten Meilenstein-Zeitpunkten, zu denen der Projektleiter und das Projektteam dem Lenkungsausschuß über das Erreichte Rechenschaft ablegen und insbesondere den neuesten Kenntnisstand über den Markt, das Umsatz- und Ertragspotential des in Entwicklung befindlichen Produkts sowie die noch bestehenden technischen und wirtschaftlichen Risiken vermitteln. Das Projektteam insgesamt ist hier gefordert, denn die Teammitglieder aus den einzelnen Fachbereichen der Entwicklung, aus Marketing und Vertrieb und aus der Konstruktion und Fertigung müssen sich für die Qualität der unterbreiteten Bewertungen verbürgen.

Bei jedem Projekt-Meilenstein hat so der Lenkungsausschuß die Möglichkeit, das Projekt im Rahmen der Portfolio-Optimierung unternehmerisch neu zu bewerten und im Fall von Planabweichungen über die beste Reaktion darauf zu entscheiden: bei Verzögerungen zusätzliche Mittel bereitzustellen, um den Zeitplan einzuhalten, bei Veränderungen der Markt- und Wettbewerbseinschätzung das Projekt abzubrechen oder umzudefinieren usw.

Während die Projektleiter in dieser Form des strategischen Projektmanagements direkt an den Produktentwicklungs-Lenkungsausschuß berichten und dessen Vorsitzenden disziplinarisch unterstehen, bleiben die Mitglieder des Projektteams weiterhin Mitglieder der Linienorganisation, das heißt ihrer Fachabteilungen. Die für ein laufendes Projekt zugesagte Kapazität eines jeden Teammitglieds ist aber sakrosankt und kann von den Fachabteilungsleitern weder mengenmäßig noch terminlich umdisponiert werden. Im Fall

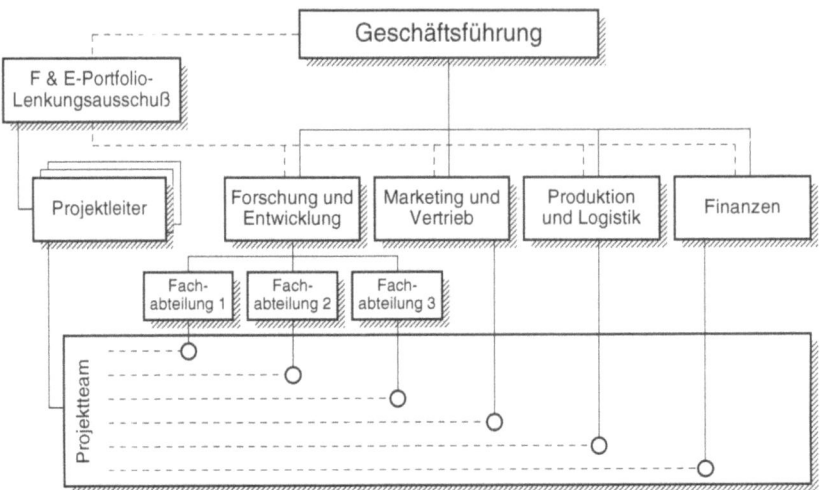

Abbildung 4-16: Struktur der Projektorganisation für den Kundennutzen-Optimierungsprozeß

von Fehleinschätzungen des Arbeitsaufwands und von Terminüberschreitungen verhandeln der Projektleiter und der zuständige Abteilungsleiter mit gleich starker Verhandlungsposition. Wenn sie sich nicht einigen können, in der Regel weil zwei Projekte von ihren Anforderungen her im Konflikt stehen, dann muß der Lenkungsausschuß auf der Basis seiner Prioritäteneinschätzung eingreifen.

Zur Unterstützung des Lenkungsausschusses und der Projektleiter muß ein Projekt- und Portfolio-Controlling eingerichtet werden, das die Vollständigkeit und Zuverlässigkeit der Planungs- und Berichtsinformation sichert und bei Abweichungen Meldung macht und, soweit möglich, Alternativen vorschlägt (siehe Abbildung 4-16).

Durch diesen Ansatz des strategischen Projektmanagements wird die Aufmerksamkeit der Unternehmensführung dahin gelenkt, wo strategische Entscheidungen mit einer hohen Auswirkung auf die mit den Projekten verbundenen Investitionen gefällt werden (wozu jeweils die Abschätzung *aller* Investitionen abverlangt wird), während Veränderungen und Verzögerungen, wie sie in vielen Unternehmen in den späteren Projektphasen üblich sind, vermieden werden, so daß keine unnötigen Aufwendungen für Redesign und Werkzeugmodifikationen entstehen (siehe Abbildung 4-17).

In vielen Unternehmen ist es immer wieder umgekehrt: In der Produkt- und Projektdefinitionsphase wird die Forschung und Entwicklung alleingelassen,

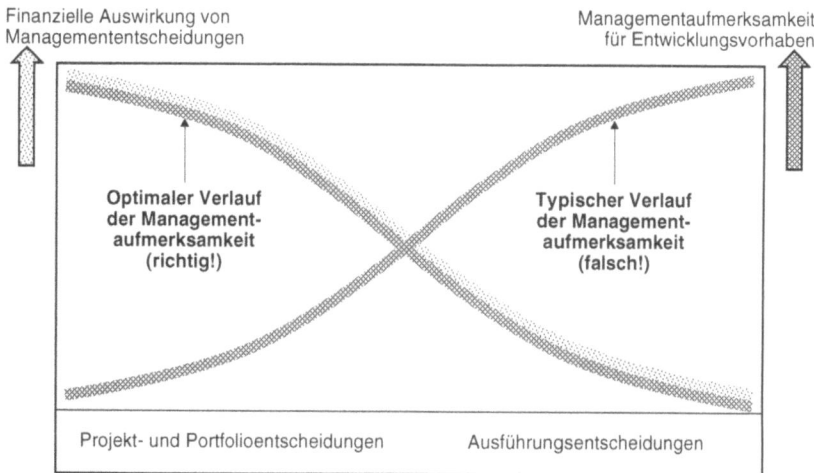

Abbildung 4-17: Managemententscheidungen, wo die größten Auswirkungen und Investitionen beeinflußt werden

die daraufhin Projekte ohne abgestimmte Definitionen und vor allem ohne Abschätzung der potentiellen Investitionen ansetzt, und erst kurz vor der Überführung in die Fertigung und in die Vermarktung beginnt die Unternehmensleitung Einfluß zu nehmen, dann aber mit horrenden Änderungskosten.

Wesentlich für einen optimierten Entscheidungsprozeß durch den Produktentwicklungs-Lenkungsausschuß ist die Meilensteinstruktur: von der Projekteröffnungsentscheidung über die umfassende Projektplanbewilligung und die Entscheidung über die Produktspezifikationen (Bestandteile der Projektdefinitionsphase), zur Abnahme des technischen Funktionsmodells und des Prototypen, über die Bewilligung des Fertigungsprototypen und des Nullserienanlaufs (Bestandteile der Durchführungsphase) bis hin zur Begutachtung der Markttests, zur Markteinführungsentscheidung und schließlich zum Projektabschluß (Bestandteile der Produkteinführungsphase).

Bei diesen Meilenstein-Entscheidungen haben die verschiedenen Funktionsbereiche des Unternehmens zwar eine unterschiedliche Rolle und Verantwortung, aber wesentlich ist, daß ihre Verantwortungsträger im Lenkungsausschuß zusammenwirken und alle Entscheidungen gemeinsam tragen müssen (siehe Abbildungen 4-18 und 4-19).

Das Argument, daß diese Form des strategischen Projektmanagements mit seiner Matrixstruktur der Verantwortlichkeiten und mit den Berichtsanforderungen pro Zwischenentscheidungspunkt sehr aufwendig sei, hält der praktischen Erfahrung nicht stand. Es sind in der Regel diejenigen im Unternehmen, die sich einer Objektivierung ihrer Leistung und einer Transparentmachung

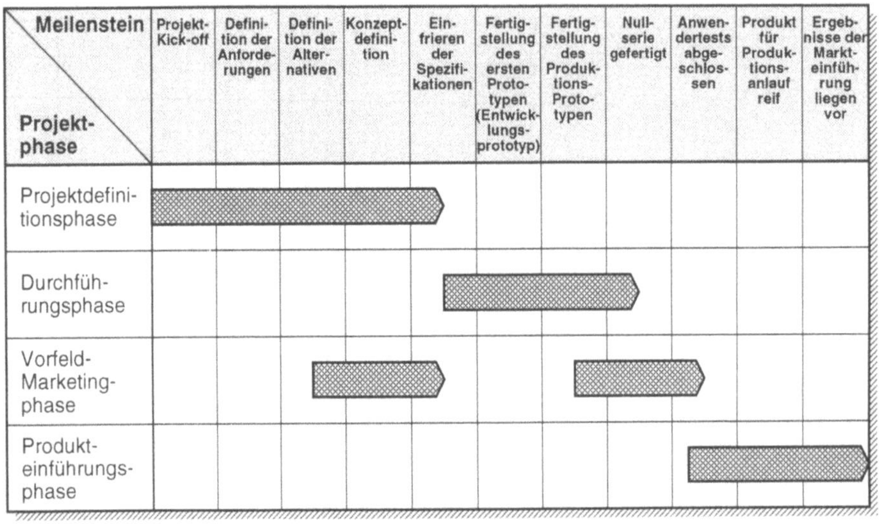

Abbildung 4-18: Meilenstruktur für Entwicklungsvorhaben

ihrer Verantwortung entziehen wollen, die den Planungs- und Steuerungsaufwand des strategischen Projektmanagements tadeln. Es sind häufig dieselben, die enormen vermeidbaren Aufwand verursachen, indem sie chancenlose Projekte zulassen, chancenreichen Projekten nicht in ausreichender Weise zum Durchbruch verhelfen und nicht endende Auseinandersetzungen über das F&E-Programm führen.

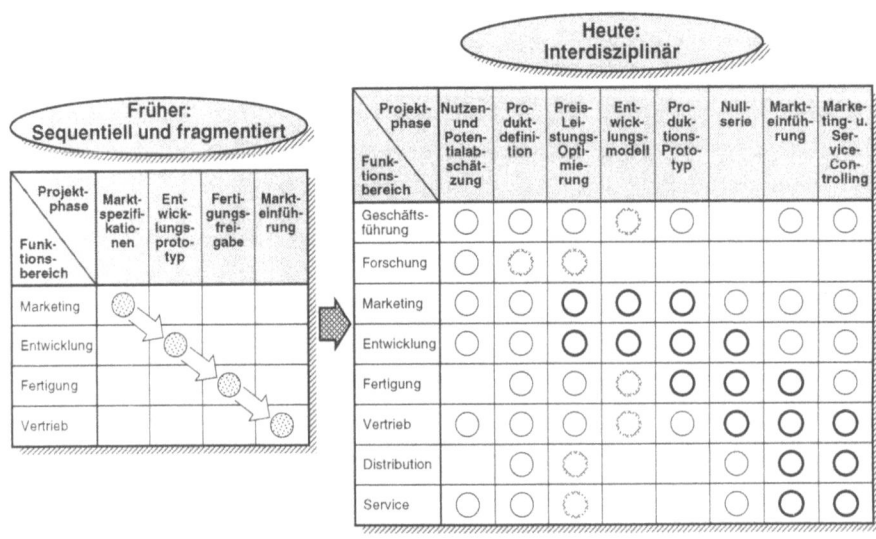

Abbildung 4-19: Einbeziehung der Funktionsbereiche in die Projektsteuerung

Die Meilensteinstruktur und die Entscheidungsfunktion des Lenkungsausschusses schaffen hier Ordnung und Ruhe, führen zu der erforderlichen Transparenz über Annahmen und Risiken, über den Mitteleinsatz und die auftretenden Abweichungen und erzeugen ein Gleichgewicht zwischen Kreativität und sinnvoller unternehmerischer Steuerung.

Ergebnis ist eine zum Teil frappierende Beschleunigung der Projektabwicklung und eine Senkung der Änderungsaufwendungen in der Projektdurchführungs- und Produkteinführungsphase, die in die Größenordnung von bis zu 50 % der Projektkosten gehen kann. Und das bei Einhaltung der geplanten Termine.

4.5 Management des Entwicklungsportfolios

Ein wesentlicher Effekt des systematisch organisierten Kundennutzen-Optimierungsprozesses besteht darin, daß durch das Instrument der Produkt- und Projektportfolien eine Schwerpunktverlagerung der Entwicklungsaufwendungen zu erfolgreichen Produkten hin erfolgt, erfolgreich durch ihren hohen Innovations- und Differenzierungsgrad und durch eine strategische Nutzenoptimierung bei gegebenem Kostenniveau.

Dieser Effekt wird durch die Portfoliosteuerung erreicht, die der Lenkungsausschuß übernimmt.

Im Produktportfolio werden die bereits bestehenden und die in Entwicklung befindlichen Produkte dargestellt, um das Zusammenspiel zwischen dem Produkt und der Forschung und Entwicklung im Sinne einer integrierten Produktstrategie zu überprüfen (siehe Abbildung 4-20).

Während die bestehenden Produkte bezüglich ihres Innovations- und Differenzierungsgrads über Zeit an Position verlieren und dabei einen immer geringeren Kunden- und Unternehmensnutzen aufweisen (Abwanderung nach unten links), müssen neu entwickelte Produkte auf die oberen rechten Felder der Produktportfolien abzielen, um Sinn zu machen. Auf diese Weise können bewußte Substitutions- und Upgrading-Entscheidungen gefällt und durch Entwicklungsvorhaben abgesichert werden.

Bei Produkten mit starker Technologie- und Marktposition, die nur einen begrenzten Kundennutzen darstellen, kann in der Regel durch eine stärker kundenorientierte Weiterentwicklung eine Steigerung des Kunden- und damit auch das Unternehmensnutzens erreicht werden.

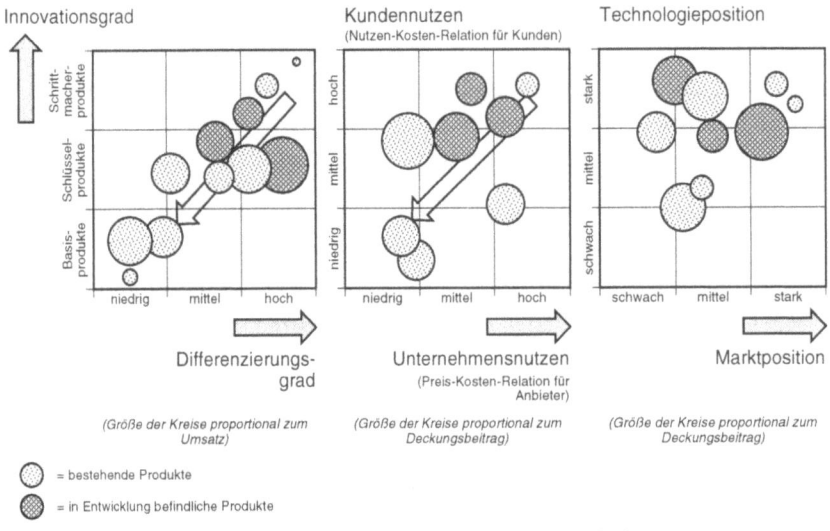

Abbildung 4-20: Ansätze zur Optimierung des Produktportfolios

Das Pendant zu den Produktportfolien sind die *Projektportfolien* (siehe Abbildung 4-21), durch die die Bewertung der laufenden und geplanten Projekte nach Gesichtspunkten der Attraktivität und des Risikos, des Einführungszeitpunkts und der Innovationsdynamik verdeutlicht werden kann.

Das Raster für die Bewertung von Attraktivität und Risiko von Entwicklungsprojekten beinhaltet eine Wechselbeziehung: Je unsicherer eine Aussage über das erreichbare Marktvolumen und das Ertragspotential ist, um so höher

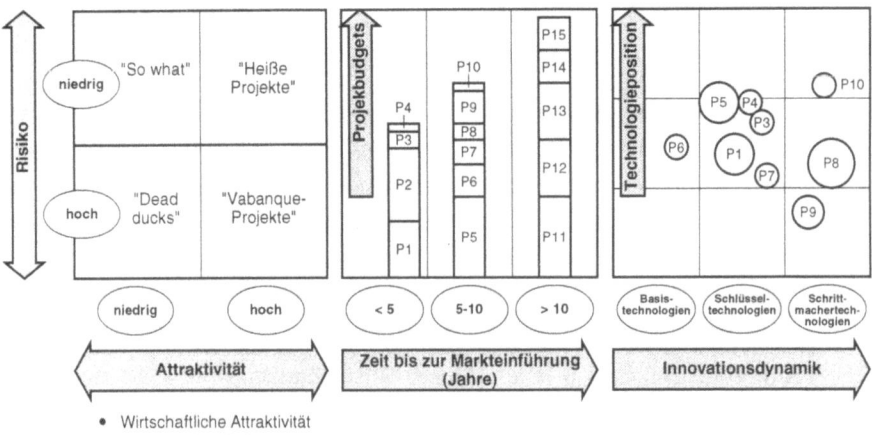

Abbildung 4-21: Mehrdimensionales Projektportfolio

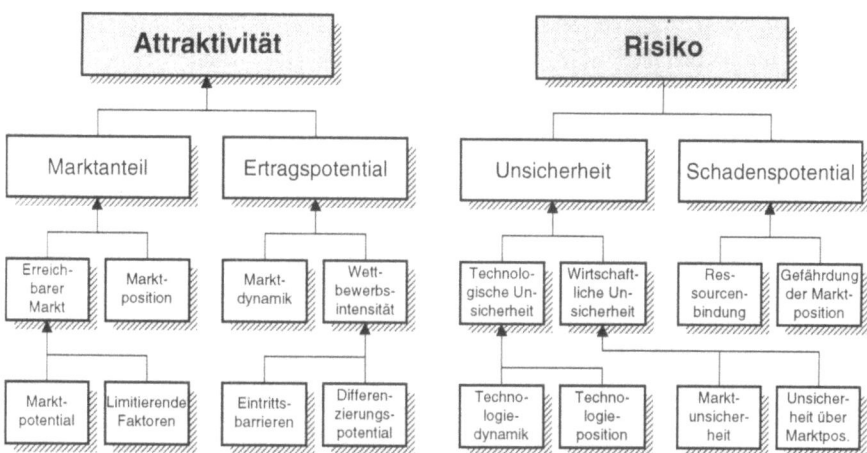

Abbildung 4-22: Raster der Attraktivitäts-/Risikobewertung von Entwicklungsvorhaben

muß das wirtschaftliche Risiko angesetzt werden (siehe Abbildung 4-22). So können Projekte in den Augen unterschiedlicher Bewerter als „So what"-Projekte (geringe Attraktivität, geringes Risiko) oder als Vabanque-Projekte (hohe Attraktivität, hohes Risiko) eingestuft werden.

Diese Art der Bewertung verhilft den Projektleitern, die Informationsbereiche einzukreisen, bei denen weitere Genauigkeit und Zuverlässigkeit der Kenntnisse zu einer besseren Positionierung der Projekte im Projektportfolio führen. Dadurch können Untersuchungen und Verifikationen gezielter in Angriff genommen werden.

Der Lenkungsausschuß kann auf dieser Basis Entscheidungen über einzelne Projekte im Vergleich zu allen anderen laufenden und vorgeschlagenen Projekten fällen und so das Innovationsprofil und die Nutzenorientierung des gesamten Produktangebots steuern.

In der Praxis kommt es bei diesem Vorgehen immer wieder vor, daß ein laufendes Projekt selbst an einem fortgeschrittenen Meilenstein abgebrochen wird, um die Ressourcen für ein neu vorgeschlagenes, aber wesentlich attraktiveres Projekt freizusetzen.

Diese Konsequenz ist heute in den meisten Unternehmen nicht möglich, da der Gesamtüberblick und die Vergleichsbasis fehlen, um den Ressourceneinsatz nach Attraktivitäts- und Kosten-Nutzen-Maßstäben zu optimieren. In diesen Unternehmen werden häufig Projekte mitgeschleppt, über deren Erfolgschancen keine klaren Vorstellungen bestehen und die anderen, strategisch wichtigen Entwicklungsvorhaben im Wege stehen. Durch die dadurch auferlegte Beschränkung der Ressourcen bei den erfolgversprechenden Entwicklungsvorhaben wird die Innovationsfähigkeit dieser Unternehmen untergraben. Der Kundennutzen fehlt als Orientierungsbasis für die Produktstrategie.

Gerade in einem rezessiven Umfeld müßten diese Unternehmen aber bei den Erfolgschancen und beim Kundennutzen neuer Produkte ansetzen, um ihre Marktchancen zu erhöhen und um den Kaufanreiz für ihre Kunden zu steigern. Fatalerweise wird dieser Zusammenhang in der Mehrzahl der Fälle nicht erkannt, so daß als Maßnahmenbereich nur Kostensenkungen gesehen werden, die allein keinen Weg aus der Rezession darstellen.

4.6 Intensität der Kundenbeziehungen

Der Kundennutzen-Optimierungsprozeß setzt von seiner ganzen Konzeption her eine intensive Kundenbeziehung voraus. Er beginnt mit der Erkenntnis eines Nutzendefizits bei den Kunden und endet mit dem erfolgreichen Einsatz des neuen Produkts beim Kunden, der den Nutzen bestätigt.

Die Frage, die sich viele Unternehmen stellen müssen, ist, wie sie sich von einer nach innen gerichteten zu einer kunden- und produktorientierten Organisation wandeln können.

Für die Vorstände und Geschäftsführer unserer Unternehmen besteht in diesem Wandel der Unternehmenskultur die größte Herausforderung. Wie können sie die Energien der Mitarbeiter wieder auf die Kundenbeziehungen hin ausrichten? Wie können sie die eingebürgerten Gewohnheiten des Routinegeschäfts und der Suboptimierungen überwinden?

Zunächst einmal muß die Unternehmensleitung selber davon überzeugt sein, daß erfolgreiche Produkte auf Dauer die wichtigste Basis des Unternehmenserfolgs sind.

In den Vorständen und Aufsichtsräten deutscher Unternehmen wird zu *einseitig* über die Bilanz und die Gewinn- und Verlustrechnung, über die Kostenentwicklung und finanzielle Kennzahlen gesprochen – die Produktstrategie, die Wettbewerbsdifferenzierung und die Kundenbeziehungen kommen meistens erst auf den Tisch, wenn etwas schiefgelaufen ist.

Nur in wenigen Unternehmen wird der Versuch gemacht, die Qualität der Kundenbeziehungen und die Bedarfsgerechtheit der Produkte zu messen und daraus abgeleitete Kennzahlen ebenso zur Steuerung des Unternehmens und zur Motivation der Mitarbeiter zu benutzen wie die finanziellen Kennzahlen.

Als quantifizierbare Kennzahlen über die Qualität der Kundenbeziehungen und die Bedarfsgerechtheit der Produkte können Angaben der Kunden über den Erfüllungsgrad ihrer Erwartungen bezüglich Leistung, Nutzwert und Nutzerfreundlichkeit der Produkte sowie über Service und Zuverlässigkeit des anbietenden Unternehmens herangezogen werden. Diese Faktoren können in detailliertere produkt- und leistungsspezifische Werte heruntergebrochen werden, so daß sich jede Unternehmensfunktion mit ihrem Beitrag zur Kundenzufriedenheit wiederfindet.

Die erforderliche Befragung der Kunden kann in regelmäßigen Abständen oder nach jedem größeren Auftrag von Mitgliedern der obersten Führungsebenen durchgeführt werden, und die Ergebnisse müssen im Unternehmen publiziert werden. So entsteht im Laufe der Zeit das Bewußtsein, für gute Kundenbeziehungen belohnt zu werden. Daraus resultiert eine zunehmende Sorgfalt bei der Ausrichtung auf die definierten Kennzahlen.

Wenn negative Trends auftreten, so muß unternehmensintern und extern sichtbar werden, daß das Unternehmen sich bemüht, die Ursachen herauszufinden, und daß nicht Sanktionen, sondern Maßnahmen der Ursachenbeseitigung im Vordergrund stehen.

Nach Beobachtungen von Arthur D. Little hatten 1989 etwa 35 % der größeren Industrieunternehmen in Europa begonnen, Aspekten der Kundenzufriedenheit systematisch nachzugehen[3]. Inzwischen dürften es viele mehr sein.

In einigen Unternehmen wurden „Organigramme" erarbeitet, die nicht die Hierarchie im Unternehmen, sondern die Beiträge der einzelnen Funktionsbereiche zur Erfüllung der Kundenerwartungen aufzeigen.

Obwohl das Wichtigste an der Messung der Kundenzufriedenheit der Vergleich der eigenen Leistung über Zeit ist, bringt auch die Analyse der Wettbewerber wertvolle neue Erkenntnisse.

Manche Unternehmen, insbesondere japanische, zerlegen daher die Produkte ihrer Konkurrenten („reverse engineering"), um das Produkt- und Herstellungskonzept zu erkennen und daraus zu lernen. Aus den Fortschritten von einer Produktgeneration zur anderen können sie so die Entwicklungsschwerpunkte ihrer Konkurrenten ableiten und gezielter eigene Differenzierungs-

---

3 Vgl. ARTHUR D. LITTLE: Top Management Survey in Europe on Total Quality Management; Brussels 1989

strategien entwickeln, für die sie dann eine wirkungsvolle Vorteilsargumentation den Kunden gegenüber parat haben.

Wesentlich für die Motivation der Entwicklungsteams ist, daß sie auch nach der Produkteinführung noch für den Produkterfolg verantwortlich bleiben, bei auftretenden Problemen Verbesserungen erarbeiten und im positiven Fall am Erfolg partizipieren. In regelmäßigen Teamsitzungen nach der Produkteinführung sollten die Teammitglieder mit dem technischen Kundendienst, mit Vertriebsmitarbeitern und mit Vertretern der Fertigung zusammentreffen, um über die Bewährung des Produkts und seiner einzelnen Leistungsmerkmale zu diskutieren. Die hierbei gewonnene Erfahrung ist für die weitere Arbeit jedes einzelnen Teammitglieds – auch in neuen Teamverbünden – von großem Wert.

Fünftes Kapitel

Marketing für Produktinnovationen

5.1 Kundennutzen durch Kundennähe

Stark wachsende Unternehmen erzielen typischerweise 40 bis 60 % ihres Umsatzes mit Produkten, die sie vor weniger als 5 Jahren auf den Markt gebracht haben[1]. Bei ihnen befindet sich stets ein gewisser Prozentsatz der Produkte in der Einführungsphase, etwa die Hälfte der Produkte in der Wachstumsphase, etwa ein Drittel in der Reifephase und 10 % oder weniger der Produkte in der Alters- oder Schrumpfungsphase (siehe Abbildung 5-1).

Wenn der Anteil an reifen Produkten am Gesamtumsatz deutlich die 50-%-Marke überschreitet, dann beginnen die Unternehmen zu stagnieren und schließlich unrentabel zu werden.

In der Einführungsphase erwirtschaften die Produkte in der Regel noch keine Gewinne, und in der Alters- oder Schrumpfungsphase beginnen sie früher oder später, Verluste zu machen.

Auch das Verhältnis von Schrittmacher- und Schlüsselprodukten zu Basisprodukten bestimmt das Wachstums- und Ertragspotential der Unternehmen, denn wachsender Umsatz mit Basisprodukten erhöht nicht die Gewinnmargen der Unternehmen, und die Markteinführung von neuen Basisprodukten kann ein bleibendes Verlustgeschäft werden.

Es geht also darum, für einen ständigen Zufluß von neuen Produkten zu sorgen, aber gleichzeitig sicherzustellen, daß die neuen Produkte Schrittmacher- oder Schlüsselcharakter haben, das heißt, daß sie eine hohe und verteidigbare Differenzierung und einen nennenswerten Zusatznutzen aufweisen.

Diese Anforderung kann nicht allein durch die Entwicklung und den Einsatz von Schrittmacher- oder Schlüsseltechnologien erfüllt werden, denn deren Nutzen für die Kunden entsteht nur im Gesamtverband von Produkten.

Produktinnovation setzt daher eine intensive Auseinandersetzung mit den Kunden und ihrem Nutzenmodell voraus. Die Erkenntnis von Defiziten des Kundennutzens muß deswegen am Beginn des Kundennutzen-Optimierungsprozesses stehen, um technische oder gestalterische Ideen danach beurteilen zu können, ob sie einen Zusatznutzen stiften oder nicht.

Den meisten Unternehmen fehlen Methoden oder Systematiken für die Analyse von Nutzendefiziten bei bestehenden Produkten und für die Suche und Bewertung von nutzenstiftenden Produktideen. Ihnen fehlt vor allen Dingen

---

1 Gemäß Untersuchungen des IFO-INSTITUTS FÜR WIRTSCHAFTSFORSCHUNG; München 1990

Unternehmens-position	Produktlebenszyklus			
	Markteinfüh-rungsphase	Wachstums-phase	Sättigungs-phase	Schrumpfungs-phase
Erfolgreich, sehr rentabel	12 %	44 %	34 %	10 %
Stagnierend, sinkende Rentabilität	7 %	20 %	62 %	11 %
Unrentabel	6 %	12 %	50 %	32 %
Cash flow	Negativ (Investitions-phase)	Zunehmend positiv (Überschreitung des Break-even-points)	Stark positiv (Abschöpfungs-phase)	Zunehmend negativ (Preiserosion)

Abbildung 5-1: Erfolgreiche Unternehmen haben einen hohen Produktanteil in der Einführungs- und Wachstumsphase (Quelle: Ifo-Institut)

die Kundennähe, um sich in ihr Nutzungssystem hinein zu versetzen und Ideen in der Diskussion auszuloten.[2]

Diese Unternehmen betreiben keine gesteuerte Erfassung des Bedarfs und schon gar nicht von Nutzendefiziten und Innovationspotentialen. Innovationsideen fließen bei ihnen unbewertet ein, und viele gehen unter. Auch Informationen über ungedeckten Bedarf, die von den Kunden oder aus der Vertriebsorganisation kommen, werden nur zufällig aufgegriffen.[3][4] So dringen solche Informationen typischerweise sehr spät in die Entwicklungsabteilung vor und beeinflussen die Produktkonzeptionen häufig erst, wenn ihre Berücksichtigung aufwendig ist. Viel häufiger werden sie vernachlässigt, so daß es in den Unternehmen zu hohen und kostspieligen Fehlschlägen bei der Einführung neuer Produkte kommt.

Unternehmen, die regelmäßig oder oft erfolgreiche neue Produkte auf den Markt zu bringen in der Lage sind, besitzen eine ausgeprägte Fähigkeit, bei

---

[2] Vgl. W. BORNETT, H. NEUBAUER: Innovationshemmnisse in Klein- und Mittelbetrieben; Wien 1985
[3] Vgl. E. NILSSON: Market-Oriented Product Innovation in Danish Industry; in: Andersen (Editor): Strategy and Methods in Product Innovation; Trondheim 1985
[4] Vgl. C. HERSTATT, H. GESCHKA: Produktinnovation durch Kunden; in: Die Unternehmung (3), Oktober 1991

den Kunden Einblick in deren Probleme und unzureichend bewältigte Aufgaben zu gewinnen und diese Einblicke gezielt in ihre Produktentwicklung einfließen zu lassen.

Sie analysieren laufend den Markt und spannen dazu nicht nur die Vertriebsorganisation, sondern auch die Servicemitarbeiter, die Entwickler und die Mitarbeiter in der Logistik ein.

Ihr Kundennutzen-Optimierungsprozeß ist insofern intakt, als die Informationsbeziehungen zu den Kunden aktiv genutzt werden und ein offener Austausch zwischen den an der Produktplanung, -entwicklung und -einführung beteiligten Funktionsbereichen besteht. Dieser Austausch ist nicht nur informell, sondern organisiert und wird methodisch unterstützt. Dazu setzen sie Methoden der systematischen Beurteilung und Selektion von Innovationsideen ein, die von der Erkenntnis getragen werden, daß der angestrebte Umsatz des Unternehmens in den nächsten Jahren nur durch neue oder verbesserte Produkte zu erreichen ist. In der Tat können die meisten Unternehmen heute voraussehen, daß der Umsatz (und erst recht der Ertrag) des bestehenden Produktprogramms über den Planungshorizont hinweg zurückgehen wird und daß zu vorherbestimmbaren Zeitpunkten Neuentwicklungen hinzukommen müssen, um das Umsatzwachstum zustande zu bringen, das angesichts der Kostensteigerungen erforderlich ist, wenn eine zufriedenstellende Rentabilität des Unternehmens gesichert werden soll (siehe Abbildung 5-2).

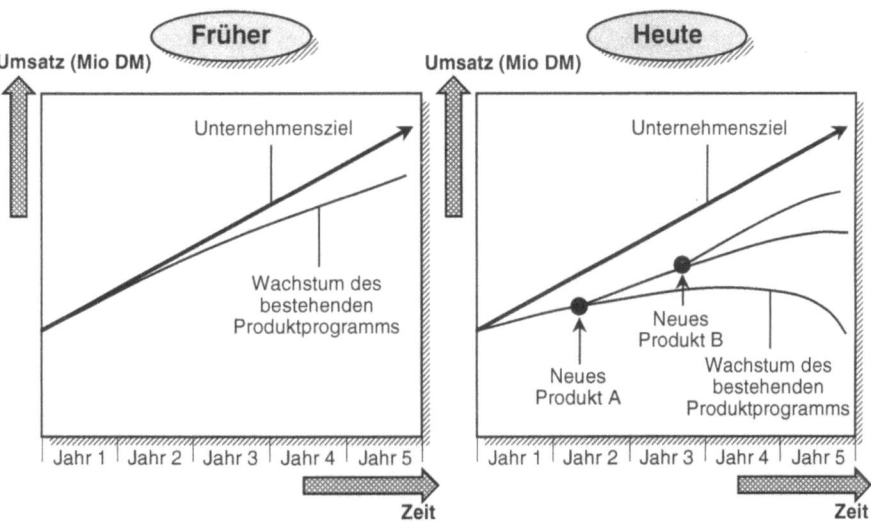

Abbildung 5-2: Unternehmen müssen heute die Markteinführung neuer Produkte fest einplanen

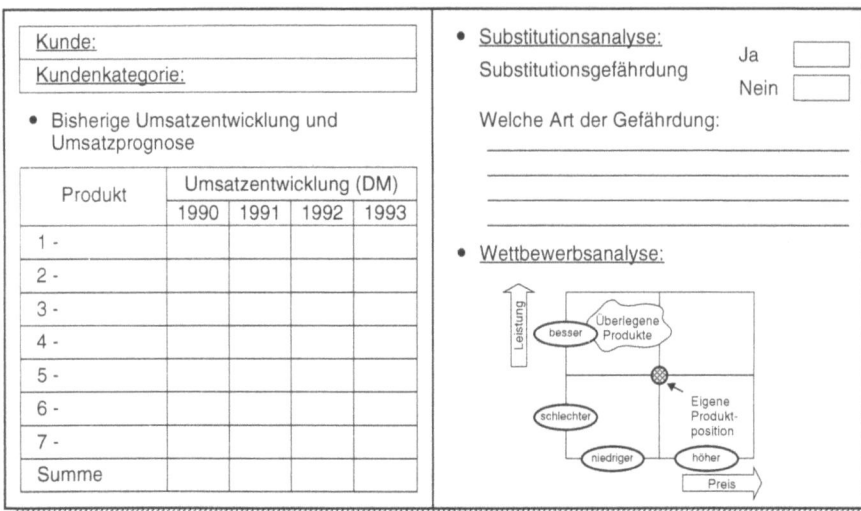

Abbildung 5-3: Analyseformat zur Umsatz-, Substitutions- und Wettbewerbsanalyse

Manche Unternehmen bedienen sich zur Erfassung der wahrscheinlichen Umsatzentwicklung bei bestehenden Kunden eines Analyseformats, mit dem auch Erkenntnisse über Wettbewerbsprodukte und Substitutionsprozesse eingeholt werden können, durch die die bestehenden Produkte gefährdet sind (siehe Abbildung 5-3).

Auch für die systematische Erhebung von Nutzendefiziten bei den bestehenden Produkten des eigenen Unternehmens und denen der Wettbewerber sowie für die Bewertung von potentiellen Lösungen sind bei einigen Unternehmen Formate im Einsatz, mit denen die Mitarbeiter angehalten werden, sich laufend über die weitere Produktentwicklung Gedanken zu machen.

5.2 Lead Users

Verschiedene Ansätze zur Gewinnung neuer Produktideen wie Kreativitätstechniken, Conjoint-Analysen und Problemlösungsgruppen wurden mehr oder weniger erfolgreich eingesetzt.[5] Ihre Ergebnisse hängen stark von den einbezogenen Personen und ihrer Kenntnis der Anwendungsfelder ab.

---

5 Vgl. K. HOLT, H. GESCHKA, G. PETERLONGO: Need Assessment - A Key to User-Oriented Product Innovation; London 1984

In letzter Zeit hat sich immer stärker durchgesetzt, Kunden und Anwender in die Ideengewinnung einzubeziehen, von denen man annehmen kann, daß ihr Bedarfsbewußtsein bereits stärker ausgeprägt ist.[6]

Als solche Lead Users können Kunden und Anwender betrachtet werden, die sich mit Problemen und Anforderungen beschäftigen, die in Zukunft für ihre Branche Bedeutung erlangen werden, und die einen hohen Nutzen darin sehen, frühzeitig geeignete Lösungen zu erarbeiten. Diese Lead Users wollen von sich aus innovativ tätig werden, brauchen dazu in der Regel aber innovative Partner.

Im Gegensatz zu Meinungsführern, die bei der Vermarktung von bereits entwickelten Produkten eine Rolle spielen, können Lead Users schon in der Entwicklungsphase neuer Produkte angesprochen und einbezogen werden.

Sie lassen sich durch entsprechende Fragen an bestehende oder potentielle Kunden einkreisen[7].

Solche Fragen können sein:

– Welche Problem- und Anwendungstrends sieht der Kunde und welche Relevanz mißt er ihnen für seine eigene strategische Position bei?
– Welches strategische Modell sieht der Kunde für sein Geschäft und welche Nutzendefizite/Nutzenpotentiale resultieren für ihn aus den angebotenen Produkten/Lösungen – heute und in Zukunft?
– Welche eigenen Gedanken, Bemühungen, Aktivitäten hat der Kunde bereits eingebracht, um neue Lösungen zu finden?
– Welche Motive bewegen ihn dazu, innovativ sein zu wollen?
– Welcher Vorteil ergibt sich für ihn aus einer Zusammenarbeit mit einem innovativen Entwickler von Problemlösungsbeiträgen?

Wichtig ist es, die Kompetenz und Durchsetzungsfähigkeit der potentiellen Lead Users zu prüfen, denn Schwächen bei beiden Aspekten können zu Irreführungen Anlaß geben.

Durch die Bildung von Lead-User-Gruppen unter Beteiligung verantwortlicher Mitarbeiter aus der Forschung und Entwicklung, aus Marketing und Vertrieb und aus der Produktion des eigenen Unternehmens kann in Work-

---

[6] Vgl. C. HERSTATT, E. v. HIPPEL: From Experience: Developing New Product Concepts Via the Lead User Method: A Case Study in a „Low-Tech" Field; in: Journal of Product Innovation Management 9/1992
[7] Vgl. C. HERSTATT/H.-G. ISERT: Produktentwicklung mit führenden Anwendern bei der Hilti AG, in: Thexis, Januar 1991

shop-Form ein äußerst kreativer und effizienter Anfang gemacht werden, aus dem Konzepte von Lösungsansätzen hervorgehen, an denen dann gemeinsam weitergearbeitet werden kann.

In der Entwicklungsphase müssen die Lead Users immer wieder zu Akzeptanztests herangezogen werden, denn je konkreter die machbare Lösung wird, um so präziser können sie den tatsächlich zu erwartenden Nutzen und die Praktikabilität der Lösung beurteilen.

Der kundenorientierte Problemdialog hilft dem anbietenden Unternehmen, die während der Entwicklung auftretenden Konflikte zwischen der eigenen Forschung und Entwicklung, der Marketing- und Vertriebsmannschaft und der Fertigung zu bewältigen und gleichzeitig auch schon ein Vorfeld-Marketing zu betreiben[8].

5.3 Grenzen der Aussagefähigkeit der Kunden

Trotz der erstaunlichen Impulse, die die Einbeziehung von Kunden in die Erarbeitung von neuen Produktideen auslösen kann, müssen die Grenzen der Aussagefähigkeit der Kunden berücksichtigt werden:

– Kunden wissen nicht, was sie brauchen,
– Kunden kaufen nicht in jedem Fall, was sie zu brauchen glauben,
– Kunden schrauben ihre Erwartungen immer höher.

Daß Kunden nicht wissen, was sie brauchen, zeigte sich beispielsweise in der Einführungsphase des Fernkopierens.

Die Geräte waren vorhanden, die Bundespost und die anderen nationalen Telekommunikations-Trägergesellschaften hatten den Telefax-Dienst eingeführt, und eingehende Kosten-Nutzen-Analysen hatten gezeigt, daß die Möglichkeit, vorhandene Dokumente elektronisch zu versenden, auf einen enormen Bedarf stoßen würde. Aber es dauerte Jahre, bis der Markt „abhob", bis die Kunden zu erkennen begannen, welche Erleichterung ihnen das Fernkopieren bot. Von einem bestimmten Zeitpunkt an wurde es dann zu einer Selbstverständlichkeit, einen Telefaxanschluß zu haben, und heute ist das am schnellsten wachsende Produktgebiet in der Büroautomation das der Fernkopiergeräte. Wenn heute eine Kosten-Nutzen-Analyse des Fernkopierens an-

---

8 Vgl. ARTHUR D. LITTLE (Hrsg.): Management des geordneten Wandels; Wiesbaden 1988

gestellt werden würde, so gäben die Nutzer dieses Dienstes Nutzenvorteile gegenüber allen anderen Formen der Telekommunikation an, an die sie vor der eigenen Erfahrung damit nicht gedacht hätten. Hätte man ihnen diese Nutzenvorteile „vorgebetet", so wären sie mißtrauisch geworden und hätten ihre Auseinandersetzung mit diesem Fernmeldedienst eher durch eigene Untersuchungen und Berechnungen (die es in der Anfangsphase der Diensteinführung auch zur Genüge gab) verzögert, während heute ein Fernkopieranschluß zum normalen Geschäftsbetrieb gehört wie das Mobilar in den Büros.

Der erste Minibus in den USA wurde vom Entwicklungsingenieur H. Sperlich bei Ford entwickelt. Aber zehn Jahre lang gelang es Sperlich nicht, sein Management von dem Marktpotential für dieses Fahrzeug in den USA zu überzeugen, weil kein einziger Kunde danach verlangte. Das war kein Wunder, denn diesen Fahrzeugtyp gab es noch nicht, und die Kunden kamen nicht darauf, ihn sich vorzustellen.

Sperlich wechselte schließlich zu Chrysler über, wo man bereit war, den Minibus herauszubringen. Er wurde ein ausgesprochener Markterfolg, um den Ford heute Chrysler beneidet[9].

Bedarfsanalysen dürfen daher nicht mit der simplen Frage durchgeführt werden: „Können Sie sich vorstellen, X gebrauchen zu können?" Vielmehr muß das Nutzungsmodell der Kunden im größeren System- oder Bedarfsumfeld erforscht und verstanden werden, um den Zusatznutzen abzuleiten, den die Kunden sich zunächst nicht vorstellen können, ausgenommen vielleicht einige Lead User. Mit dieser Nutzeninterpretation kann man schiefliegen, denn sie setzt immer voraus, daß die Kunden etwas Bestehendes aufgeben, und sei es auch nur einen Teil ihres bisherigen Verhaltens. Daher sind Akzeptanztests während der Entwicklungsphase unerläßlich.

Philips machte die Erfahrung, daß Kunden nicht immer kaufen, was sie vorzuziehen behaupten.

Philips testete ein neues Kassettenradio genannt „Moving Sound", das für junge Käufer entwickelt worden war und das in goldgelber Farbe angeboten werden sollte. In einem Käufertest wurde das Gerät in schwarz und in der neuen goldgelben Farbe vorgestellt. Die Testteilnehmer gaben alle von sich, daß sie die goldgelbe Farbe vorzogen, aber als ihnen erlaubt wurde, ein Gerät kostenlos mitzunehmen, griffen sie alle zu einem schwarzen Gerät.

---

9 Vgl. „Nothing is impossible"; Fortune, 23. September 1991, Seiten 91-96

Es wäre falsch, daraus zu folgern, daß die Auseinandersetzung mit den Kunden überflüssig sei. Denn der Kundennutzen-Optimierungsprozeß kann nur im engen Kontakt mit den Kunden marktorientiert durchlaufen werden. Allerdings müssen das Unternehmen und seine Mitarbeiter es verstehen, die Verhaltensweisen und Reaktionen der Kunden zu durchschauen, um ihr Nutzungsmodell interpretieren zu können.

Der ständige Kundenkontakt ist auch deshalb notwendig, weil die Kunden ihre Erwartungen immer höher schrauben.

Sie werden von den Wettbewerbern und von Veränderungen ihres eigenen Umfelds beeinflußt und betrachten das Neue schnell als normal. Kunden dürfen daher nicht als statistische Menge, als „Markt" behandelt werden, sondern müssen einzeln angesprochen und interpretiert werden.

5.4 Die Kunden kennen, aber ihnen vorausdenken

Viele Unternehmen geraten in Schwierigkeiten, weil sie ihren Kunden nicht zuhören und nicht alle Anstrengungen unternehmen, ihnen den größtmöglichen Nutzen zu bieten. Häufig sind diese Schwierigkeiten die nahezu tragische Folge einer günstigen Konjunktur: Da die Kaufbereitschaft der Kunden garantiert zu sein scheint und sie geradezu „Schlange stehen", werden sie von oben herab, sozusagen als Bittsteller behandelt, und die Kundenorientierung des Unternehmens nimmt ab.

Wenn die Konjunktur dann umschlägt, fehlt den Unternehmen die Unternehmenskultur, um die Kunden zu verstehen, sich auf sie einzustellen und sie zu halten. Und viele Kunden lassen ihre unterschwellig aufgestaute Frustration ab und empfinden Schadenfreude. Ein typisches Beispiel hierfür ist das getrübte Verhältnis von Mercedes-Benz zu seinen Kunden, das bei der Einführung der S-Klasse sichtbar wurde.

Ein anderes Beispiel liefert der amerikanische Reifenhersteller Goodyear, der elf Jahre lang vermeiden zu können glaubte, den Kunden Radialreifen anzubieten. Erst als Michelin mit seinen Radialreifen den größten Teil des weltweiten Reifenmarktes von 50 Milliarden Dollar pro Jahr erobert hatte, sah Goodyear ein, daß nicht die eigene Interpretation des Nutzens, sondern die der Kunden zählt.

Allerdings sollten sich starke Unternehmen auch zutrauen, dem Markt vor Augen zu führen, was möglich ist.

Wie der Chief Executive Officer von Motorola, George Fisher, sagt: „Als Technologieführer müssen wir den Leuten auch zeigen, was wir können. Das mobile Telefon ist ein Paradebeispiel dafür. Motorola entwickelte es, ohne daß die Kunden sagten, daß sie ein solches Produkt wollten. Wir präsentierten es der Welt."[10].

Neue Autoren warnen sogar davor, zu sehr die kurzsichtige Perspektive von Kunden anzunehmen. So beschreiben Gary Hamel und C. K. Prahalad die „einfallsreiche Unternehmung" als eine, die der Tyrannei des Marktes entgeht, indem sie sich als ein Portfolio von Kernkompetenzen versteht, mit denen sie die unerschlossenen Potentiale zwischen den bestehenden Geschäftsfeldern erschließen kann.[11] So könnten innovative Produktkonzepte hervorgebracht werden, die darauf beruhen, daß wesentliche neue Leistungsmerkmale auf bekannte Produkte aufgepfropft werden, daß bekannte Funktionen auf völlig neue Art realisiert und dargeboten werden oder daß völlig neue Kombinationen von Funktionalität geboren werden. Dadurch können häufig die bestehenden Preis-Leistungs-Relationen vollkommen über den Haufen geworfen und den Kunden neue Möglichkeiten geboten werden, die sie ergreifen, bevor sie sie selber artikulieren konnten.

Dazu, so Hamel und Prahalad, sei ein tiefgehendes Verständnis der Bedürfnisse, Lebensweisen und Erwartungen der Kunden erforderlich, nicht nur unter den Umständen von heute, sondern auch unter denen von morgen.

Nach unserer Erfahrung birgt das Konzept der Kernkompetenzen ebenso wie das der Schrittmacher- und Schlüsseltechnologien die Gefahr der Theoretisierung und Marktferne in sich, wenn diese Kernkompetenzen nicht im Zusammenhang mit spezifischen Anwendungsfeldern und Problemlösungen gesehen werden.

Denn ebenso wie in der Bundesrepublik Deutschland in den sechziger und siebziger Jahren durch den Bundesminister für Forschung und Technologie Basis- und Schlüsseltechnologieentwicklungen gefördert wurden, ohne daß die Umsetzung in erfolgreiche Produkte gelang (siehe Förderungsprogramme für die Datenverarbeitungstechnik, die Kerntechnik, die automatische Bildverarbeitung usw.), ebenso laufen Unternehmen Gefahr, Technologiepositionen aufzubauen, ohne den Sprung zu marktfähigen Produkten zu schaffen.

---

[10] Vgl. B. AVISCHAI, W. TAYLOR: Customers Drive a Technology-Driven Company: An interview with George Fisher; Harvard Business Review, November/Dezember 1989

[11] Vgl. G. HAMEL, C. K. PRAHALAD: Corporate Imagination and Expeditionary Marketing; Harvard Business Review, Juli/August 1991

Auch hierfür gibt es beklagenswerte Beispiele, wie die vielgerühmten Technologiekonzerne, die meistens sang- und klanglos wieder verschwanden.

Zu den Kernkompetenzen eines Unternehmens muß daher insbesondere die gehören, Produkte zu konzipieren, zu entwickeln und auf spezifische Kundenbedürfnisse auszurichten. Alle anderen Kompetenzen, insbesondere die technischen Kernkompetenzen, haben dieser zentralen Kompetenz zu dienen.

Erfolgreiche Produkte zu entwickeln und in den Markt zu tragen erfordert die Ausrichtung auf spezifische Nutzersegmente, um durch eine kreative Kombination von Produkteigenschaften einen gezielten Zusatznutzen bieten zu können. So geschehen bei kleinen PKWs mit Hochleistungseigenschaften wie dem Golf GTI von VW, bei den Kleinkopierern mit Spitzenkopierqualität von Canon, den Videokassettenrekordern von Sony und JVC und den automatischen Hochleistungskameras von Minolta und Canon. Batterie- und motorgetriebene Elektrowerkzeuge und Gartengeräte gehören ebenfalls in diese Kategorie. In all diesen Fällen wurden Nutzenaspekte, die bisher unterschiedlichen Preis-Leistungs-Segmenten vorbehalten waren, in einem Produkt kombiniert.

Damit werden Kaufmotive angesprochen, die auf unterschiedlichen Ebenen gelagert sind: die Muß-Ebene, auf der vom Kunden Produkteigenschaften und Leistungen vorausgesetzt werden, weil sie den Grundbedarf befriedigen, die Leistungs-Ebene, auf der Produkteigenschaften und Leistungen bewußt bezahlt werden, wobei ein rationaler Kompromiß zwischen Leistung und Preis gefunden wird, und die Wunsch-Ebene, auf der Produkteigenschaften und Leistungen erkannt und begehrt werden, die einen Zusatzanreiz bieten, wenn sie auch nicht zu den wichtigen bedarfsdeckenden Aspekten gehören.

Diese Ebenen der Kaufmotive richtig einzuschätzen erlaubt es, bei der Produktentwicklung die Akzente richtig zu setzen: bei Merkmalen und Leistungen der Muß-Ebene das erforderliche Niveau zu erreichen, es aber nicht aufwandtreibend zu überschreiten, auf der Leistungs-Ebene einen deutlichen Wettbewerbsvorsprung herauszuholen und auf der Wunsch-Ebene immer wieder neue Anreize zu setzen.

Wie können die Unternehmen herausfinden, auf welcher der Ebenen welche Kaufmotive anzusiedeln sind?

Die Kunden selber können dazu verhelfen. Nicht durch ihre Antworten auf Marktbefragungen, weil hier die vorformulierten Fragen bereits eine Einengung darstellen, sondern indem man sie beim Einsatz der Produkte beobachtet.

So schickt die Robert Bosch GmbH ihre Entwickler von Elektrowerkzeugen zu den Endkunden, um bei ihnen zu Hause zu beobachten, wie und wofür sie die Werkzeuge benutzen. Sie kommen häufig mit Innovationsideen zurück.

Ein Schweizer Werkzeugmaschinenhersteller legte so großen Wert auf das Aussehen seiner Maschinen, daß er sie mit einem Gehäuse versah. Als der Geschäftsführer dieses Unternehmens einen der Kunden besuchte, mußte er jedoch feststellen, daß dieser das Gehäuse entfernt hatte. Bei einem zweiten und dritten Kunden stellte er dasselbe fest. Als er nachfragte, warum die Kunden das Gehäuse nicht beibehalten hatten, gestanden sie ihm, daß es bei der Wartung störte und keinen nützlichen Zweck erfüllte, oder? Der Geschäftsführer mußte einsehen, daß das teure Gehäuse, wenn es den Kunden nicht nützlich erschien, wirklich keinen Sinn machte. Das Ergebnis war ein günstigerer Verkaufspreis der Maschine: ohne Gehäuse.

5.5 Die Entwickler in die Kundenbearbeitung einbeziehen

Die Konsequenz, auch die Entwickler öfter zu den Kunden zu schicken, bringen nicht viele Unternehmen auf. Am stärksten opponieren dagegen in der Regel die Marketingmitarbeiter. Ihnen leuchtet nicht ein, daß Entwickler ein anderes Wahrnehmungsvermögen besitzen und mit Marketingberichten häufig nicht viel anfangen können. Beide können jedoch nicht den Anspruch erheben, den Kunden ohne den Beitrag des anderen zu verstehen. Häufig brauchen sie sogar auch die Hilfe der Servicemitarbeiter, um die Bedarfs- und Anwendungsdefizite einigermaßen genau zu erfassen und zu interpretieren.

Es ist daher im Sinne der Marketingmitarbeiter selber, daß sie auch die anderen Funktionsbereiche des Unternehmens in den *ersten Schritt des Kundennutzen-Optimierungsprozesses* mit einbeziehen: *die Analyse von Defiziten bei den bestehenden Produkten*. Denn wenn die Kunden Mängel beklagen, kann der Entwickler viel gezielter und tiefer in die Diskussion mit den Kunden einsteigen, als wenn er darüber nur aus einem Bericht erfährt.

Um diese breite Auseinandersetzung mit den Kunden durchzusetzen, muß die Unternehmensleitung klarmachen: Die Kunden gehören nicht dem Vertrieb oder der Marketingabteilung!

Ebenso müssen die Entwicklungsmitarbeiter in die Erarbeitung der gesamten Produktstrategie des Unternehmens einbezogen werden. Sie müssen an der

Diskussion über Marktentwicklungen und Wettbewerberstrategien teilhaben und können hier häufig aus ihrer Sicht wichtige Kenntnisse und Bewertungen einbringen.

„Vor fünf Jahren benutzten unsere Entwickler das Wort ‚Kunde' nur sehr selten", sagte kürzlich das Vorstandsmitglied eines großen Telekommunikationsherstellers, „heute dagegen hat jeder Entwickler zwei Aufgaben: Technologie- und Produktentwicklung auf der einen Seite und Mitarbeit in Key-Account-Teams auf der anderen Seite".

Die Auseinandersetzung mit den Kunden darf nicht auf den Beginn des Kundennutzen-Optimierungsprozesses beschränkt bleiben, sondern muß sich über den ganzen Prozeß hinziehen.

Zu Beginn des Prozesses können die Spezifikationen erfahrungsgemäß noch gar nicht vollständig und sicher festgelegt werden. In vielen Unternehmen wird es von da an aber den Entwicklern überlassen, die fehlenden Spezifikationen selber hinzuzufügen. Das ist gefährlich. Denn auf diese Weise wird immer wieder bisheriges Denken in die neuen Konzepte fortgepflanzt.

Richtigerweise muß das entstehende Produkt in seinen wichtigsten Konkretisierungsphasen durch ausgewählte Kunden bewertet werden, wenn es schon keine Lead User sind. Sony ist bekannt dafür, daß das Unternehmen seine noch in Entwicklung befindlichen Produkte in Hi-Fi-Geschäften zwischen die laufenden Produkte stellt und seine Entwickler zwischen das Bedienungspersonal mischt, damit sie die Kunden bei der Bewertung und Wahl beobachten können.

Nur durch die Einbeziehung der Entwickler in die Kundenbearbeitung und die aktive Involvierung der Marketing- und Vertriebsmitarbeiter in die Entwicklungsvorhaben kann die Diskrepanz überwunden werden, die sich in den meisten Unternehmen heute noch beobachten läßt: Die Entwickler und Vertriebsmitarbeiter schieben sich gegenseitig die Schuld für unzureichende Innovationsleistung und Zeitverzögerungen bei der Hervorbringung neuer Produkte zu, und die Kunden fühlen sich mißverstanden.

Das war in der Vergangenheit zwar auch immer so, und es ging doch. Es wurde viel nachentwickelt oder bei der nächsten Produktgeneration verbessert, und mit der Zeit kamen Angebot und Nachfrage immer wieder ins Lot.

Aber heute verfügen die meisten Unternehmen nicht mehr über die Zeit und das Geld, um nachzuentwickeln und nachzubessern: Sie brauchen die gesamte Marktlebensphase der Produkte, um die Entwicklungskosten wieder einzuspielen.

Das Nachentwickeln und Nachbessern kostet nicht nur Geld, sondern vor allen Dingen Zeit, die für die Vermarktung verlorengeht und die Amortisationschancen senkt.

5.6 Den Kunden auf die Nutzeninnovation vorbereiten

Die heute immer stärker erforderliche Marketingleistung, nämlich den Kunden auf die Nutzeninnovation vorzubereiten und seine Nachfragebedingungen während der Entwicklung schon zu berücksichtigen, erfordert eine Rückkopplung mit den potentiellen Anwendern während des gesamten Entwicklungsprozesses. Dadurch muß erreicht werden, daß das entwickelte Produkt von vornherein so genau wie möglich das Nutzenprofil aufweist, das Voraussetzung für eine hohe Akzeptanz ist, und daß die Kunden zum Zeitpunkt der Markteinführung bereit sind, die innovative Lösung zu realisieren.

Diese Interaktion mit dem Kunden hat, genau besehen, zwei wesentliche Effekte:

– sie erlaubt es den Mitarbeitern aus F&E und Marketing und Vertrieb, gemeinsam die Bedürfnisse des Kunden zu erfassen (auch wenn dieser oft nicht in der Lage ist, sie aus eigener Initiative zu artikulieren) und gleichzeitig die neuen Technologie- oder Produktkonzepte nutzenorientiert zu erproben, und

– sie bewirkt, daß in der Zusammenarbeit mit den Kunden deren Nutzenbewußtsein aktiviert wird, nämlich die Erkenntnis, welchen Vorteil sie ihrerseits durch die Anwendung der innovativen Produkte/Leistungen in ihren Geschäften erzielen können (siehe Abbildung 5-4).

Um diese Effekte zu erzielen, braucht das Unternehmen ein neues Marketingverständnis: eine enge Verzahnung aller Aktivitäten der Produkt- und Verfahrensentwicklung mit dem Prozeß der Bedarfs- und Problemanalyse, der Konzipierung von Lösungen, des Weckens der Kaufbereitschaft, der Nutzenargumentation und schließlich des Verkaufsabschlusses.

Es ist wesentlich, zu erkennen, daß Kunden als Nutzer innovativer Produkte drei Ansprechebenen aufweisen, auch wenn sie sich dessen selber nicht bewußt sind (siehe Abbildung 5-5):

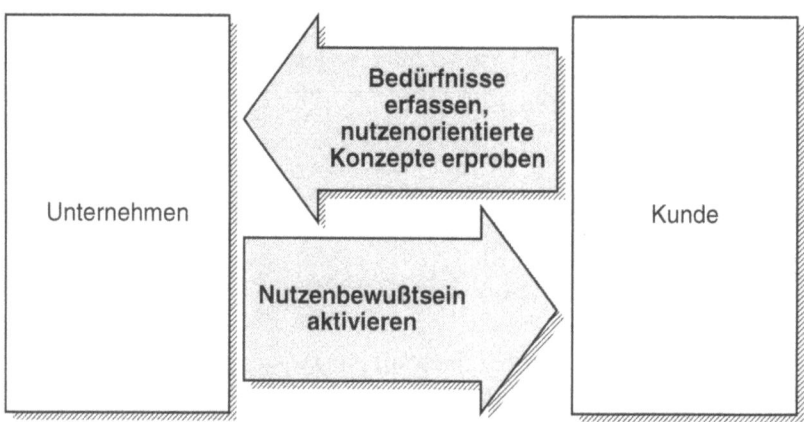

Abbildung 5-4: Interaktion mit innovativen Anwendern in der Entwicklungsphase

- die Ebene der Nachfrage,
- die Ebene des Problems und
- die Ebene des Bedürfnisses.

Auf der Ebene der Nachfrage läuft das Tagesgeschäft ab. Hier fallen die konkreten Kaufentscheidungen durch Preis-Leistungs-Vergleich zwischen den Anbietern. Sich als Anbieter zu stark auf diese Ebene zu konzentrieren führt zu Preiswettbewerb, schrumpfenden Erträgen und ständigen Hau-Ruck-Aktionen, um kurzfristige Produkt- und Preisanpassungen durchzudrücken.

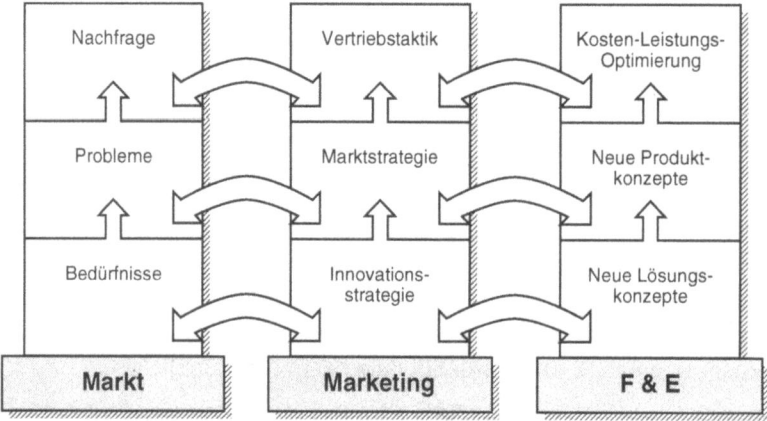

Abbildung 5-5: Entwicklung nutzenorientiert steuern –
Nutzeninnovation bewußt machen

Denn der typische Ansprechpartner auf dieser Ebene ist der Einkäufer, dessen Erfolgserlebnis stark vom Preisgespräch abhängt.

Auf der Ebene des Problems können dagegen die Impulse für mittelfristige Produktweiterentwicklungen eingeholt werden.

Denn die Nachfrage entsteht ja normalerweise dadurch, daß beim Nutzer ein Problem im Umgang mit den derzeitig angebotenen Produkten und Leistungen auftritt. In der Regel muß er nämlich einen Kompromiß eingehen zwischen dem, was er eigentlich benötigt, und dem, was angeboten wird oder was er sich leisten kann. Auf der Problemebene intensiv zu kommunizieren – über das Tagesgeschäft hinaus – hilft dem Anbieter, die Kundensituation besser zu verstehen und bei der weiteren Produktentwicklung mit dem vorhandenen Know-how gezielter darauf einzugehen. Nur dadurch kann dann eines Tages im Tagesgeschäft ein spürbarer Preis-Leistungs-Vorteil erzielt werden, ohne mit dem Preis operieren zu müssen.

Zusätzlich, und das ist entscheidend, gibt es die Bedürfnisebene. Denn daß der Kunde überhaupt nach einer Lösung sucht und hierbei Probleme hat, die ihn zur Nachfrage bewegen, geht auf Bedürfnisse zurück. Deren Profil zu kennen ist zunehmend die Voraussetzung für erfolgreiche Innovation.

Ausgehend von den drei Ansprechebenen der Kunden müssen die Anbieter in Märkten mit hohem Innovationsdruck auf drei Ebenen kommunizieren, und zwar nach innen und außen:

– Auf der Nachfrageebene muß durch kurzfristige Preis-Leistungs-Taktik im Vertrieb und durch entsprechende kurzfristige Produktanpassungen sichergestellt werden, daß Differenzierungs- und Absatzopportunitäten genutzt werden (substitutive Innovationen).
– Auf der Problemebene muß das zugrunde liegende Anwendungssystem analysiert werden, um Stärken und Schwächen der derzeitigen Problemlösung zu erkennen und um hierauf mit neuen kreativen Produkt- oder Leistungsentwicklungen reagieren zu können; hierbei muß es um neue Ansätze in der Konfiguration vorhandenen Know-hows gehen (Wertschöpfungs-Innovationen).
– Auf der Bedürfnisebene muß hinter dem Anwendungssystem das eigentliche Bedürfnis der Kunden erforscht werden, um die Grundlagenentwicklung in Richtung auf möglichst umfassende Innovationen des Produkt- oder Leistungskonzepts zu orientieren (Anwendungs-Innovationen).

In Märkten mit hohem Innovationsdruck müssen Grundlagenentwicklungen, Produktentwicklungen und Produktanpassungen parallel laufen, wenn der

Rhythmus der Lebenszyklen durchgehalten werden soll. Logischerweise müssen daher die drei Kommunikationsebenen mit den Kunden auch gleichzeitig und gleich intensiv gepflegt und bewußt genutzt werden.

Das Problem vieler Unternehmen, die sich im verstärkten Innovationswettbewerb wiederfinden, liegt aber darin, daß sie die drei Ebenen nicht trennen, daher im Kundengespräch die Interessenschwerpunkte des Kunden vermengen und Verwirrung stiften und intern in der Auseinandersetzung mit der eigenen Entwicklung Unmögliches fordern oder falsche Signale geben.

Das Verhalten im Kundenkontakt muß deutlich machen, daß man die unterschiedlichen Ansprech- und Kommunikationsebenen sieht. Der innovative Anbieter muß dazu mit verschiedenen Partnern in der Kundenorganisation kommunizieren, nicht nur mit dem Einkäufer.

Das traditionelle Vorgehen, bei dem das anbietende Unternehmen ein neues Produkt entwickelte, es dann dem Vertrieb übergab, damit dieser den Wettbewerb und die Kunden mit der Innovation überraschte, ging gut, solange technischer Fortschritt an sich einen deutlich ersichtlichen Nutzen darstellte. Außerdem bestand die Möglichkeit, in weiteren Versionen noch Kinderkrankheiten der neuen Produkte auszubügeln.

Heute schlägt dieses Vorgehen in der Mehrzahl der Fälle fehl, denn technischer Fortschritt an sich garantiert keinen Nutzen mehr. Es kommt immer stärker darauf an, die Anwendungsumwelt beim Kunden zu berücksichtigen, z.B. die organisatorischen Gegebenheiten, die Systembeziehungen, die vorhandenen Qualifikationen und die Alternativen. Häufig spielt die ergonomische Akzeptanz eine große Rolle. Wesentlich sind Gesichtspunkte wie Benutzerfreundlichkeit, Kompatibilität, Flexibilität.

In diesem komplexen Feld kann der „shot in the dark" kaum noch treffen, das heißt das Risiko, am Markt vorbeizuentwickeln, ist beträchtlich gewachsen.

Und bevor das anbietende Unternehmen durch teure Nachentwicklung die Marktgerechtheit der neuen Produkte verbessert hat, ist der Lebenszyklus dieser Produkte häufig schon wieder abgelaufen. Wettbewerber warten inzwischen mit der nächsten Produktgeneration auf.

Gleichzeitig tritt zunehmend ein weiteres Phänomen auf: die Kunden brauchen Zeit, um die Innovation zu verstehen, um dafür Akzeptanz zu entwickeln und vor allem, um die internen Voraussetzungen zu schaffen, unter denen sie die Produkt- oder Leistungsinnovation auch in eine Nutzeninnovation umwandeln können.

Abbildung 5-6: Das Konzept des Innovations-Marketing zur Markteinführung innovativer Produkte und Leistungen

Bei einer wachsenden Zahl von Produktneueinführungen beobachten wir daher, daß die Markterschließungsphase immer länger dauert, obwohl die innovativen Produkte einen deutlichen Nutzen versprechen.

Die Kunden sind mit Innovationen überfüttert, technische Systeme sind so vielfältig geworden, daß Innovationen häufig die Aufnahme- und Anpassungsfähigkeit der Kunden überfordern. Bei ihnen baut sich Innovationsskepsis oder gar Innovationslethargie auf. Der Überzeugungs- und Lernprozeß dauert daher länger und verhindert eine schnelle Marktaufnahme.

Da nützt denn auch intensives Marketing nicht mehr viel. Bevor die Kunden überzeugt sind, naht die nächste Innovationswelle, bei der andere von der Vorarbeit profitieren und die noch neueren Produkte an den Mann bringen.

Was also tun?

Innovations-Marketing, wie wir es bei einer Reihe von Unternehmen implementiert haben, besteht aus einem dreistufigen Vorgehen (siehe Abbildung 5-6):

- dem internen Know-how-Transfer, durch den die Mitarbeiter selbst auf die Innovation eingeschworen werden, und zwar quer durch alle Funktionen;
- dem Vorfeld-Marketing, in dem der gemeinsame Lernprozeß im Dialog zwischen F&E und M&V (Forschung und Entwicklung, Marketing und Vertrieb) stattfinden und die Demonstration der Nutzeninnovation gegenüber Lead Users erfolgen muß;

– dem Pilot-Marketing, bei dem der Einsatz der entwickelten Produkte bei den Lead Users erfolgt und bei ihnen die Einsatzberatung bezogen auf die Realisierung der Nutzeninnovation erprobt wird.

Bei diesem Vorgehen erfolgt schon in den frühen Entwicklungsphasen eine Auseinandersetzung mit Lead Users, um einerseits die innovativen Produkt- und Leistungskonzepte zu testen und dem tatsächlichen Bedarfsprofil der Kunden anzupassen und andererseits die Überzeugungsarbeit für die kommende Nutzeninnovation bei den Kunden zu leisten, bis das innovative Produkt schließlich angeboten wird.

Was beim Innovations-Marketing geschieht, ist auf der Kundenseite der Weg vom Bedürfnis (das zunächst genau erkannt und benannt werden muß) zur Problemdefinition und auf dieser Basis zur Nachfrage und auf der Anbieterseite die Umsetzung der Innovationsstrategie in eine Marktstrategie und Vertriebstaktik – gekoppelt mit der Entwicklung vom neuen Lösungskonzept zum neuen Produktkonzept und schließlich zur Kosten-Leistungs-Optimierung.

Auf diese Weise werden zwei wesentliche Wirkungen erzielt:

– Das Entwicklungsvorhaben wird stärker auf den Markt ausgerichtet und die Gefahr des Scheiterns oder der aufwendigen Nachentwicklung wird reduziert und
– die Akzeptanz der Kunden wird vor der Markteinführung geweckt, so daß die Umsatzentwicklung von vornherein zügig erfolgt und ein deutlicher Positionsvorsprung vor Innovationsnachfolgern errungen werden kann.

Innovations-Marketing erfordert, daß die Entwicklungsmitarbeiter sich mit den Lead Users über deren Problemsituation unterhalten müssen. Hierin ist eine radikale Abkehr von der Einstellung zu sehen, daß man Ingenieure nicht mit den Kunden verhandeln lassen darf, weil sie aus technischem Ehrgeiz unwirtschaftliche Lösungen versprechen. Interdisziplinäres Vorgehen, wie das Innovations-Marketing es erfordert, muß vielmehr auch dazu führen, daß die Entwickler betriebswirtschaftlich denken und argumentieren lernen. Denn die Unternehmen brauchen bei zunehmendem Innovationsdruck wieder verstärkt die Auseinandersetzung zwischen ihren Entwicklungsmitarbeitern und den technisch und operationell Verantwortlichen in den Kundenorganisationen.

Diese Auseinandersetzung kann auf verschiedene Weise organisiert werden:

- Manche Unternehmen holen ihre Kunden regelmäßig an den Standort ihrer Entwicklungsabteilungen, so daß hier vielfältige Kundengespräche stattfinden, die nicht direkt mit dem Verkauf zu tun haben.
- Die Robert Bosch GmbH und andere veranstalten gemeinsame Produktbesprechungen, an denen die Entwicklung, der Vertrieb und die Lead Users teilnehmen.
- Einige erfolgreiche amerikanische Unternehmen verpflichten ihre Entwicklungsmitarbeiter, eine gewisse Zahl von Kundenbesuchen abzustatten und darüber Protokoll zu führen.

Durch Abarbeiten einer Korrelationskette von der Kaufmotivation der Kunden zu den Erfolgsfaktoren im Wettbewerb, zu den Leistungsmerkmalen der Produkte bis hin zu den eingesetzten Technologien wird die innovative Problemlösung so gesteuert, daß die Marktorientierung von vornherein gegeben ist (siehe Abbildung 5-7).

Der Denkprozeß des Innovations-Marketing liefert auch Klarheit zwischen den F&E- und den M&V-Verantwortlichen über die anzustrebende eigene Preis-Leistungs-Position im Verhältnis zum Wettbewerb und über die Innovationsstrategie des Unternehmens.

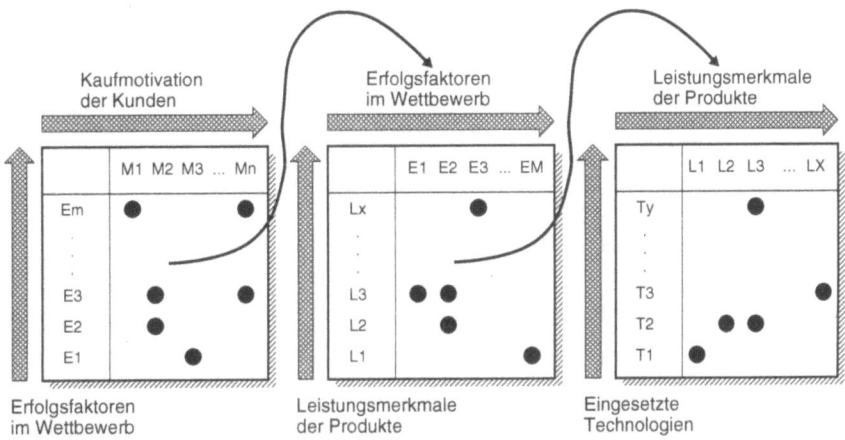

Abbildung 5-7: Korrelationskette für die Gestaltung innovativer Problemlösungen

5.7 Instrumente des Innovations-Marketing

Bei der Einführung eines Innovations-Marketing, wie es viele deutsche Unternehmen heute dringend nötig haben, müssen drei Innovationstypen unterschieden werden[12]:

- Substitutive Innovationen,
  bei denen ein vorhandenes Produkt durch ein weiterentwickeltes, leistungsfähigeres oder kostengünstigeres Produkt mit ähnlicher Konfiguration verdrängt wird; in der Regel weist das substituierende Produkt einen höheren Kundennutzen auf, der aus verbesserten Schlüssel- und neuen Schrittmacherleistungen resultiert; Beispiele sind neue Generationen von Automobilen oder Haushaltsgeräten wie Kühlschränke oder Elektroherde.

- Wertschöpfungs-Innovationen,
  bei denen durch neue Kombinationen von Leistungsmerkmalen eine wesentlich neue Wertschöpfung beim Kunden erzeugt wird, also nicht nur eine inkrementale Erhöhung eines Kundennutzens, sondern die Schaffung völlig neuer Nutzeneffekte; Beispiele hierfür sind Videokameras und Videorecorder oder neue Werkstoffe.

- Anwendungs-Innovationen,
  bei denen völlig neue Anwendungen erschlossen werden wie die Nutzung künstlicher Intelligenz für die Automatisierung bisher nur über Menschen realisierbarer Dienstleistungen oder Steuerungsaufgaben (z.B. in automatisierten Schalterhallen von Banken) oder viele Anwendungen der mobilen Telekommunikation und der Breitbandkommunikation.

● **Marketing für substitutive Innovationen**

Bei substitutiven Innovationen haben sich zwei Ansätze besonders bewährt (siehe Abbildung 5-8):

- Interdisziplinäre Workshops mit Führungskräften aus Marketing, Vertrieb, Forschung und Entwicklung, Produktion und anderen an der Umsetzung der Innovation beteiligten Funktionen.

---

[12] Vgl. M. MOLLENHAUER, K. U. REMMERBACH: Neue Spielregeln des Marketing: Wie aktivieren wir die Märkte für die nächste Produktgeneration?; in: Arthur D. Little (Hrsg.): Management des geordneten Wandels; Wiesbaden 1988

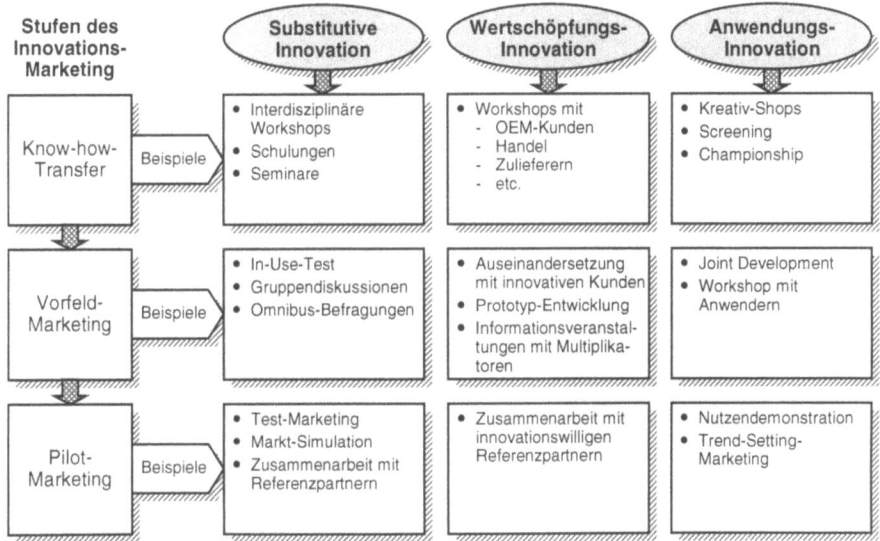

Abbildung 5-8: Das Instrumentarium des Innovations-Marketing

- Interne Schulungen, in denen die Wirkprinzipien der innovativen Produkte aus der Sicht der Kunden verdeutlicht werden, unter Umständen durch Einbeziehung ausgewählter Kunden.

Für die Phase des Vorfeld-Marketing für substitutive Innovationen stehen als Instrumente

- Blind-Tests zur Objektivierung von Geschmacksparametern,
- In-use-Tests mit Prototypen zur Abstimmung von Leistungs- und Bedürfnis-Profilen,
- Omnibus-Befragungen zum schnellen Screening von Alternativen,
- Gruppendiskussionen zum Erkennen emotionaler Bedürfnisse

zur Verfügung.

Wichtig ist die sorgfältige Auswertung der Ergebnisse unter Einbeziehung der Entwicklung und des Vertriebs, um Prioritäten und Alternativen für die Weiterarbeit zu entwickeln.

Ziel des *Pilot-Marketing* ist es, das Gesamtkonzept auf seine Akzeptanz zu überprüfen.

Dazu werden bei substitutiven Innovationen in der Konsumgüter-Industrie die Kaufgewohnheiten einer ausgewählten Zahl von repräsentativen Haushalten mit Hilfe von Magnetkarten überwacht, die diese Haushalte beim

Einkauf in ausgewählten und mit Scannerkassen ausgerüsteten Einzelhandel-Outlets verwenden. Zusätzlich ist es möglich, bei diesen Haushalten Werbespots in das abendliche Werbefernsehen einzublenden und damit die Wirksamkeit des Kommunikationskonzepts im Vergleich zu Referenzgruppen zu beurteilen.

Marktsimulationsmodelle erlauben es, auf der Basis ermittelter Erstkaufs- und Wiederkaufsraten Absatzvolumina für neue Produkte über drei bis fünf Jahre zu prognostizieren.

• Marketing für Wertschöpfungs-Innovationen

Bei *Wertschöpfungs-Innovationen* müssen die Lead Users schon in die Phase des Know-how-Transfers mit einbezogen werden. Bewährt haben sich hierbei gemeinsame, interdisziplinär besetzte Workshops und Projektgruppen, bei denen zum Beispiel auch OEM-Kunden, der Handel oder bedeutende Zulieferer vertreten sind.

Die Gefahr, daß die Konkurrenz durch diese Einbeziehung Externer von der Innovation zu früh Wind bekommt, wird hierbei häufig überschätzt. Durch den gemeinsam geleisteten Know-how-Transfer werden nämlich Zeitvorsprünge und eine intensive Kundenbindung realisiert, und diese Vorteile können vom Wettbewerb nur schwer eingeholt werden.

In der Phase des *Vorfeld-Marketing* können für Wertschöpfungs-Innovationen

– Kreativitätsmeetings mit Lead Users,
– gemeinsame Arbeit an Prototypen und
– Informationsveranstaltungen für Multiplikatoren (zum Beispiel Software- und Systemhäuser, Unternehmensberater) und Partner im Wertschöpfungsprozeß (Zulieferer, Handelspartner)

eingesetzt werden.

In dieser Phase können noch relativ kostengünstig Anpassungen der Entwicklungsziele und Spezifikationen vorgenommen werden, um die Nutzenleistung des Produkts zu steigern.

In der Phase des *Pilot-Marketing,* mit der die Produkteinführung eingeleitet wird, geht es darum, bei konkreten Anwendungen praktische Erfahrungen zu sammeln.

Diese Erfahrungen sollen in der Phase des Breiten-Marketing in Argumente für den Vertrieb umgesetzt werden. Daher müssen die Pilotanwendungen systematisch nach Gesichtspunkten wie

- rationale und emotionale Nutzenvorteile,
- Eignung der Innovation,
- Wirtschaftlichkeitseffekte,
- Schulungsanforderungen und
- Wettbewerbsvorteile

ausgewertet werden. Gleichzeitig können die Erfahrungen an Multiplikatoren weitergegeben, die Spezifikationen für Neuentwicklungen angepaßt und die Zielgruppensegmentierung überprüft werden.

- **Marketing für Anwendungs-Innovationen**

Anwendungs-Innovationen stellen höchste Anforderung an die visionären Fähigkeiten der am Innovationsprozeß Beteiligten. Der *Know-how-Transfer* sollte bei dieser schwierigen Aufgabenstellung in Kreativ-Shops mit Unterstützung durch externe Moderatoren stimuliert werden.

So wurden zum Beispiel für die Compact Disc durch die Mitwirkung von Markt-, Technologie- und Industrie-Experten aus den verschiedensten Bereichen neue Anwendungen auch außerhalb der Konsumelektronik konzipiert.

An diese Konzepterarbeitung muß sich ein Screening anschließen, als dessen Ergebnis die Innovationsprojekte mit den höchsten Nutzenvorteilen und den besten Marktpotentialen von begeisterungsfähigen Champions weiter vorangetrieben werden.

Im *Vorfeld-Marketing* für Anwendungs-Innovationen sollten alle Chancen für eine Verbesserung des Leistungsangebots durch gemeinsame Entwicklung genutzt werden. In Workshops mit Anwendern können dabei weitere Leistungsanforderungen erarbeitet werden.

Im *Pilot-Marketing* für Anwendungs-Innovationen schließlich geht es darum, die Nutzeninnovation in voller Breite zu demonstrieren. Frühzeitig gewonnene Meinungsbildner können hierbei den Trend für das Breiten-Marketing setzen.

Kosten-Nutzen-Nachweise müssen die entscheidende Argumentationsbasis der Kommunikation gegenüber den Anwendern bilden. Die Fragen

- Wie kann die Innovation angewendet werden?
- Welchen Nutzen bringt die Innovation?

müssen durch diese Kommunikation explizit beantwortet werden. Denn für eine Innovations-Strategie gibt es nichts Schädlicheres als ein unklares Nutzenverständnis des Anwenders.

5.8 Marketing-Mix des Innovations-Marketing

Durch ein innovationsgerechtes Marketing-Mix kann wesentlicher Einfluß auf die Dynamik des Unternehmens im Markt genommen werden.

Neue Spielregeln des Marketing aufstellen heißt, unkonventionelle Strategien zu verfolgen. Dazu müssen die Unternehmen ihre Verhaltensweisen im Markt grundlegend verändern und im Marketing-Mix neue Prioritäten setzen. Viele Erfolge belegen, daß dies möglich ist.

In fast allen Fällen sind Visionen die Grundlage solcher unkonventioneller Strategien gewesen. In dem Bestreben nach analytischer Rigorosität wurden Visionen lange Zeit kaum beachtet. Magyar zeigte jedoch anhand zahlreicher Beispiele auf, daß Marketing-Pioniere stets auch „visionäre Phantastiker" sind. Sie schaffen „kreative Höchstleistungen" und geben damit „den Startschuß für zuvor nie geahnte Möglichkeiten"[13] [14]. Visionen sind nach Magyar wichtig, um die eigenen Mitarbeiter zu motivieren, um Leistungsreserven zu aktivieren und um die Organisation auf ein gemeinsames Ziel einzuschwören, ohne das keine überdurchschnittliche Marktleistung möglich ist.

Auch visionäres Marketing muß jedoch ertragsorientiert sein. Denn ob die Vision brauchbar ist, zeigt sich erst, wenn sie in operative Maßnahmen umgesetzt wird. Daher kommt auch visionäres Marketing nicht ohne methodisches Vorgehen aus.

Innovations-Marketing nimmt hierbei eine besondere Stellung ein, weil die Kommunikation des Nutzens innovativer Produkte für den Kunden immer auch ein Wagnis ist.

Den zusätzlichen Nutzen einer Innovation gegenüber dem bestehenden Angebot zu beschreiben und nachzuweisen gehört in der Tat zu den schwierigsten

---

[13] Vgl. K. M. MAGYAR, P.K. MAGYAR: Marketingpioniere; Landsberg a. L. 1987
[14] Vgl. K. M. MAGYAR: Das Marketing-Puzzle; Landsberg a. L. 1985

Aufgaben des Marketing. Neben den rationalen Nutzenkategorien sind auch die emotionalen Bedürfnisse der Kunden mit in das Kalkül einzubeziehen.

Viele Unternehmen unterscheiden nicht ausreichend zwischen Hard- und Soft-Innovationen.

Hard-Innovationen sind objektiv-technische Innovationen mit rational nachvollziehbarem Grund- und Zusatznutzen. Wir finden sie besonders häufig in Investitionsgütermärkten. Branchen wie der Maschinenbau, die Telekommunikation und die Informationstechnologie bauten bisher stark auf Hard-Innovationen auf.

Soft-Innovationen erfordern dagegen eine emotionale Ansprache von sozialen und Ego-Bedürfnissen der Kunden. In den meisten Branchen findet in der Regel eine Kombination von Hard- und Soft-Innovationen statt (siehe Abbildung 5-9). Innovations-Marketing zielt häufig auf eine stärkere Betonung des Soft-Anteils von neuen Produkten und Leistungen ab.

Bei substitutiven Innovationen muß durch intensive Marketing-Maßnahmen die Nutzeninnovation aus der Sicht der Kunden verdeutlicht werden. Bei der Einführung einer neuen Reifentechnologie für PKWs kommt es weniger auf die neuen technischen Leistungsmerkmale an als darauf, zu kommunizieren, wie Autofahrer mit unterschiedlichen Fahrgewohnheiten die neue Qualität tatsächlich empfinden. Neue Batterietechnologien für Anwendungen in der

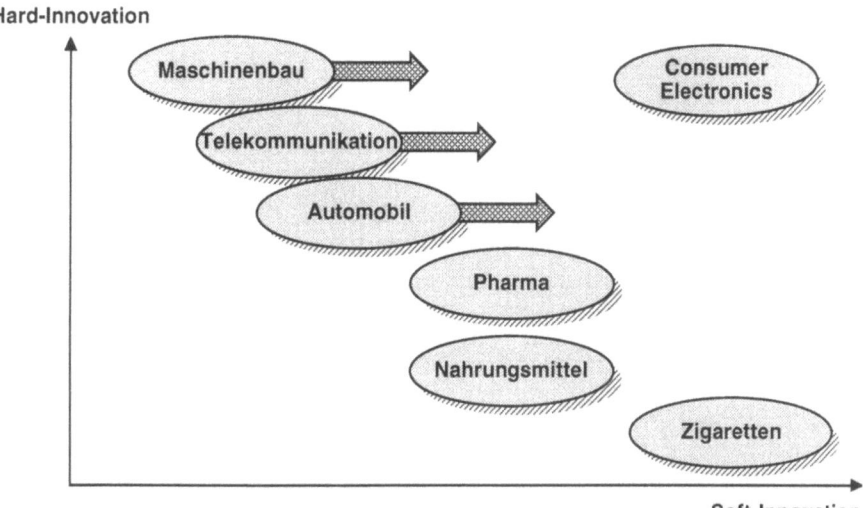

Abbildung 5-9: In den meisten Branchen finden wir Kombinationen von Hardware- und Software-Innovationen vor

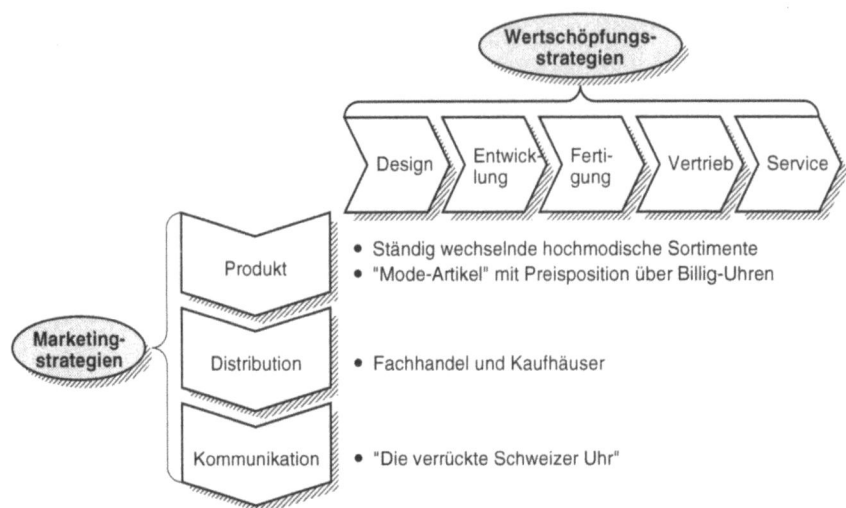

Abbildung 5-10: Swatch: Die Marketing-Strategie hebt das „Unkonventionelle" positiv hervor

Konsumelektronik sind nicht nur in bezug auf ihre Leistungsdaten wie Energiedichte oder Lebensdauer hin darzustellen, sondern vor allem in bezug auf den zusätzlichen Nutzen, den die Konsumenten bei dem Betrieb ihres Walkman oder Transistor-Radios empfinden.

Wertschöpfungs-Innovationen erfordern Innovationen im Marketing selber, um das Besondere zu verdeutlichen und um alte Denkstrukturen zu überwinden.

Beispielhaft wurde diese Kombination von Wertschöpfungs-Innovation und innovativem Marketing bei der Schweizer Uhr Swatch vorexerziert (siehe Abbildung 5-10). In einer Phase, in der die Schweizer Uhrenindustrie schon drauf und dran war, gegen die japanische Konkurrenz zu resignieren, nutzte eine Gruppe innovativer Unternehmen das Know-how, in großen Auflagen und unter Anwendung der Kunststofftechnik, Quarzwerke in eine vollversiegelte Uhr zu integrieren. Auf diese Weise konnte das Design sehr flexibel variiert werden – Swatch war geboren. Mit einer innovativen Marketing-Strategie wurde weltweit das Segment zwischen Billig-Uhr und traditioneller Schweizer Uhr erschlossen.

Auch Anwendungs-Innovationen, die darauf abzielen, mit völlig neuen Produkten Märkte zu machen, die es zuvor nicht gab, erfordern dramatische Innovationen im Marketing. Mit traditionellen Marketingansätzen werden Anwendungs-Innovationen in aller Regel zu Flops.

Innovations-Marketing mit seinen typischen Phasen, mit seinem Mix an Instrumenten und seiner Ausprägung je nach Innovationstyp in den Unternehmen einzuführen, das ist heute eine der wichtigsten Aufgaben des Managements.

Dazu ist in der Regel eine Veränderung der Unternehmenskultur hin zu einer Kultur des „Alle für eine gemeinsame Sache" erforderlich.[15]

Diese Veränderung einzuleiten, eher heute als morgen, ist eine der großen Herausforderungen an das Management deutscher Unternehmen. Denn nur diese veränderte Unternehmenskultur stellt die entscheidende Orientierung aller Funktionsbereiche des Unternehmens sicher: die auf das Produkt, das durch hohen Kundennutzen erfolgreich ist.

---

15 Vgl. TOM SOMMERLATTE: Veränderung der Unternehmenskultur; in: Arthur D. Little (Hrsg.): Management des geordneten Wandels; Wiesbaden 1988

Sechstes Kapitel

Unternehmensstrategie auf Basis einer integrierten Produkt- und Marktstrategie

6.1 Neue Strategiedimensionen im internationalen Wettbewerb

Als das deutsche Konsortium unter Führung der Siemens AG und mit Beteiligung der AEG, der Krauss-Maffei AG, der Fried. Krupp GmbH, der Knorr-Bremse und der Baugesellschaften Dywidag und Hochtief AG den Wettbewerb um den Auftrag über die Hochgeschwindigkeitsbahn in Südkorea gegen das französisch-britische Konsortium GEC-Alsthom verlor, ging ein Raunen durch die deutsche Wirtschaft.

Dem deutschen Konsortium entging nicht nur ein Auftrag über 3,5 Milliarden DM (für 46 Hochgeschwindigkeitszüge nebst Signaltechnik und Fahrleitungen), die Auftragsvergabe an Frankreich erhöht auch die Chancen des französisch-britischen Konsortiums, in Taiwan und vor allen Dingen in den USA weitere riesige Aufträge zu gewinnen. In Taiwan soll von der Hauptstadt Taipeh eine 400 km lange Hochgeschwindigkeitsstrecke in den Süden des Landes gebaut werden, in den USA geht es um ein Hochgeschwindigkeitssystem für den Nord-Süd-Korridor Boston-New York-Washington.

Auch der Ministerrat der Europäischen Gemeinschaften und die Regierungen der europäischen Partnerländer haben sich auf umfangreiche Investitionen in den Hochgeschwindigkeits-Eisenbahnverkehr verständigt: Um die Voraussetzungen für künftiges Wirtschaftswachstum und die erforderliche Mobilität von Menschen und Gütern zu sichern, ist bis zum Jahr 2015 ein Verbund von 30.000 km Neu- und Ausbaustrecken in Europa geplant. Die Investitionen werden auf 250 Milliarden DM veranschlagt, und die Entwicklung des Hochgeschwindigkeitssystems soll rund drei Millionen Arbeitsplätze schaffen.

Das deutsche Konsortium meinte bis zur südkoreanischen Entscheidung, daß es bei allen Bewertungskriterien vorne lag: Sowohl bei der ICE-Technologie als auch bei der angebotenen Übertragung von technischem Wissen habe das deutsche Konsortium besser abgeschnitten, so der Vorstandsvorsitzende der Siemens Verkehrstechnik, Wolfram Martinsen. Auch die Preise seien gleich gewesen, und bei der Finanzierung sei man bereit gewesen, durch Senkung der Hermes-Gebühren der Bundesregierung den Südkoreanern entgegenzukommen.

Was den Ausschlag gegeben hat, so die südkoreanische Regierung, war jedoch die zehn Jahre längere Betriebserfahrung des französischen TGV (Train à Grande Vitesse), der seit 1981 auf der Strecke zwischen Paris und Lyon und inzwischen auf vielen weiteren Strecken in Frankreich verkehrt, während der Intercity Express in Deutschland erst seit Sommer 1991 im Einsatz ist.

Für den französisch-britischen TGV haben sich inzwischen auch die britische Eisenbahngesellschaft British Rail, Spanien, Belgien und die Niederlande entschieden. Durch den Kanaltunnel zwischen Frankreich und England fährt neuerdings der 300 Stundenkilometer schnelle Trans Manche Super Train, TMST, der eine Modifikation des TGV darstellt.

Aus koreanischer Sicht sprach für das französisch-britische Konsortium aber auch dessen besseres Marketing. So habe es an der französischen Botschaft in Seoul seit längerer Zeit einen ständigen Eisenbahn-Attaché gegeben, der für die Kontakte der französischen Industrie mit der koreanischen Regierung und mit den übrigen Behörden verantwortlich ist.

So habe Frankreich die Weltausstellung in Tajeon bei Seoul dazu genutzt, den TGV der breiten Öffentlichkeit in Korea vorzuführen. Und so habe der französische Botschafter in Korea bei vielen Anlässen immer wieder betont, daß „das französische Produkt" besser ist. Einmal technologisch, weil der TGV schneller ist als der deutsche ICE. Aber auch in Sachen Preis und Finanzierung ist das französische Angebot dem deutschen überlegen!" Und nicht zuletzt hat GEC-Alsthom zugesichert, daß rund 50 Prozent der Anlagen in Korea selbst hergestellt werden, wodurch ein beträchtlicher Know-how- und Technologie-Transfer sichergestellt werde.

Was für die deutsche Industrie schief gelaufen ist, sind mehrere Dinge:

- Der ICE kam unnötigerweise spät zum Einsatz, weil das strategische Timing des Hersteller-Konsortiums, der Deutschen Bundesbahn und der Bundesregierung nicht funktionierte.
- Das Konzept des ICE ist zu einseitig auf die deutschen Bedingungen und nicht von vornherein auf den internationalen Wettbewerb ausgelegt; so ist der TGV einfacher, leichter und schlanker als der ICE und erreicht eine höhere Schnelligkeit; ferner kann er leicht durch Konstruktionsmodifikationen jeder spezifischen Strecke angepaßt werden (z.B. in Abhängigkeit von Steigungswinkeln und Kurven der Strecken).
- Das internationale Marketing für den ICE ist nicht schlagkräftig genug, sondern verläßt sich zu stark auf technische Leistungsmerkmale; vertrauensfördernde Maßnahmen, attraktive Finanzierungskonzepte und der Aufbau eines Netzwerks von Beziehungen fehlen bisher weitgehend.

Es ist lehrreich, sich diesen Fall genauestens anzusehen, weil er deutlich macht, daß im internationalen Wettbewerb heute eine neue Strategiedimension erforderlich ist, die eine engere Kopplung zwischen Produktstrategie und Marktstrategie beinhaltet und auf einem Netzwerk von zur Verfügung stehenden oder zu aktivierenden Kräften aufbaut.

Was ist der Unterschied zu den üblichen Unternehmensstrategien?

6.2 Von der kurz- zur langfristigen Produkt- und Marktstrategie

Wir stellen immer wieder fest, daß im Denkmodell der Unternehmensführer Marktanteile und Wege zur Sicherung des bestehenden Geschäfts im Vordergrund stehen.

Die typischen Fragen, die daraus resultieren, sind:

- Welche Gefährdung unseres Geschäfts geht von unseren Wettbewerbern aus, und wie können wir darauf reagieren?
- Wie sieht die Kostenstruktur unseres Geschäfts aus, und welche Maßnahmen können wir ergreifen, um Kostennachteile zu überwinden?
- Durch welche Maßnahmen können wir unseren Marktanteil so erhöhen, daß wir Wettbewerbsvorteile daraus ableiten?
- Welche Stärken unserer Wettbewerber machen uns zu schaffen, und wie können wir diese Stärken egalisieren?
- Durch welche Aussagen und Verhaltensweisen können wir uns so positionieren, daß die Kunden uns den Vorzug geben?

Diese Fragen verlassen nicht den Handlungsspielraum des eigenen Unternehmens. Sie zielen auf Anpassungen im Markt ab, die nicht den Anspruch des großen Wurfs erheben können. In einem kontinuierlich sich entwickelnden Umfeld sind es die richtigen Fragen, denn die Entwicklungsrichtung steht fest, und es reicht aus, schrittweise zu manövrieren.

Im Umfeld des letzten Jahrzehnts dieses Jahrtausends spielt sich aber mehr als eine kontinuierliche Entwicklung ab:

- Das Wachstum vieler traditioneller Märkte ist abgeflacht, weil ein noch nie erreichter Sättigungsgrad eingetreten ist; den dadurch entstandenen Käufermärkten, charakterisiert durch immer wählerischere, kritischere und differenziertere Kunden, steht ein Überangebot an Kapazitäten und Produkten gegenüber.
- Die Erschließung weiterer Marktpotentiale erfordert Kostenvorteile, die über das hinausgehen, was durch Rationalisierungsmaßnahmen erreichbar

ist, oder neue Produktideen, mit denen neue Nutzendimensionen eröffnet werden, für die der Bedarf bisher nicht oder nur sehr diffus artikuliert wird.
- Die westliche Konsumgesellschaft hat einen Grad an Überschuß- und Abfallerzeugung erreicht, bei dem eine weitere Steigerung zu Verstopfung, Verhäßlichung und Gefährdung der Umwelt und ungebremstem Ressourcenverbrauch führt, die immer mehr Widerstand herausfordern.

Ein Bereich, in dem wir auf eine umbruchartige Situation zusteuern, ist – wie in der BMFT-Studie „Technologien am Beginn des 21. Jahrhunderts"[1] richtig benannt – der Verkehrsbereich. Hier springen die ungelösten und sich weiter verschärfenden Probleme ins Auge, die besonders beim Straßen- und Luftverkehr zu einer nicht mehr zu bewältigenden Überlastung führen.

Ein Lösungsansatz ist der Ausbau des Hochgeschwindigkeitsbahnnetzes. Denn auf mittleren Strecken im 500-km- bis 1000-km-Radius sind Hochgeschwindigkeitsbahnen von der Zeitökonomie und von den Gesamtkosten her dem Auto und dem Flugzeug gegenüber so überlegen, daß sie wirkungsvoll der Überlastung der Autobahnen und des Luftraums entgegenwirken können. Hier liegt also ein Produktkonzept vor, das eine überzeugende Zukunftsstrategie eröffnet. Seine erfolgreiche Umsetzung hätte in Deutschland spätestens in den siebziger Jahren eine *Produktstrategie* erfordert (wie sie in Frankreich auch formuliert und implementiert wurde), an der die Hersteller der Produktkomponenten, die Deutsche Bundesbahn, die Bundesregierung und ein möglichst breites Spektrum an Investoren hätten zusammenwirken müssen. Die Fragen, die bei der Erarbeitung dieser Produktstrategie beantwortet werden müssen, wären folgende gewesen:

- Welche Problemsituation beabsichtigen wir mit dem Produkt ICE zu lösen, welchen Nutzen müssen wir schaffen, und welches Einsatzpotential steht dahinter?
- Welche Eigenschaften und Leistungen müssen wir realisieren, um den Nutzen zu optimieren, welche der Leistungen sind Basis-, Schlüssel- und Schrittmacherleistungen, und welche Technologien benötigen wir zu ihrer Realisierung?
- Welche Produkt- und Marktstrategien verfolgen unsere Wettbewerber, und welche Möglichkeiten bieten sich uns, um das Produkt ICE vorteilhaft zu differenzieren, und zwar in den Augen der potentiellen Kunden und der Nutzer?
- Wie können wir die Zeit- und Leistungsziele am effizientesten erfüllen und

---

1 Vgl. Fußnote 2 in Kapitel 3

so eine starke Ausgangsposition im Gesamtmarkt und eine günstige Rendite für alle Beteiligten sichern?
- Wie müssen wir das Entwicklungsvorhaben managen, so daß die Zeitplanung eingehalten und eine flexible Ausrichtung auf die Marktanforderungen gewährleistet wird?
- Welche Aktivitäten des Vorfeld-Marketing müssen wir einleiten, um potentielle Kunden in die Konzeptentwicklung einzubeziehen und sie auf das Produktkonzept einzuschwören?
- Welche Partner und Hilfen sollten gewonnen werden, um die Produktentwicklung zu erleichtern, die Ausrichtung des Produkts auf seine Märkte zu optimieren und Betriebsblindheit zu vermeiden?

Durch die explizite und gewissenhafte Beantwortung dieser Fragen wäre mit größter Wahrscheinlichkeit klargeworden, daß

- die Inbetriebnahme des ICE in Deutschland in den frühen achtziger Jahren möglich und aus strategischen Gründen auch erforderlich gewesen wäre;
- der schnell zunehmende Betrieb des ICE auf einem wachsenden Streckennetz in Deutschland eine wichtige Marketingvoraussetzung für die Penetration des Weltmarkts gewesen wäre;
- zu den wichtigsten Leistungsmerkmalen einer Hochgeschwindigkeitsbahn hohe Geschwindigkeit gehört, verbunden mit leichtem und schnellem Zugang zu den Bahnhöfen;
- das technische Konzept des ICE eine hohe Anpassungsfähigkeit an unterschiedliche Streckenbedingungen (wie unterschiedliche Steigungen und Kurvenbedingungen) sichern muß;
- die Entscheidungsprozesse der potentiellen Kunden komplex sind und ein langjähriges, vertrauensförderndes Marketing in den Zielländern erfordern, möglichst unter Einbeziehung der lokalen einschlägigen Industrie (z.B. durch Wartungsvereinbarungen und Teilproduktionsaufträge) und der politischen Kanäle;
- Finanzierungsfragen eine entscheidende Rolle spielen werden, so daß ein langfristiges Rentabilitätsmodell erforderlich ist (z.B. über Teilhabe an den Betriebseinnahmen), das über Garantien der Bundesregierung abgesichert werden muß.

Auch als nicht mehr zu verhindern war, daß der deutsche ICE erst 1991 zum fahrplanmäßigen Einsatz kommen würde (und damit 10 Jahre später als der TGV), hätte eine kombinierte Produkt- und Marktstrategie noch dazu verhelfen können, die Chancen des ICE im Weltmarkt zu erhöhen. Deswegen verblüfft die Reaktion des deutschen Konsortiums auf den Auftragsverlust in

Korea, in der Enttäuschung darüber zum Ausdruck kommt, daß das deutsche Angebot zwar nach den offiziellen Bewertungskriterien vorne lag (die die Technologie des Zuges und die Übertragung des technischen Wissens betrafen), daß aber schließlich der praktische Erfahrungsvorsprung, die höhere Geschwindigkeit und das bessere Marketing der Franzosen den Ausschlag gaben.

6.3 Von der deutschen zur kosmopolitischen Sicht

Wenn die deutsche Eisenbahnindustrie in der erst am Anfang stehenden Entwicklung von Hochgeschwindigkeitsbahnen in Europa und in der Welt mithalten will, so benötigen die beteiligten Unternehmen mehr als ein Plus nach technischen Kriterien. Schon beim derzeitigen Innendesign scheiden sich die Geister: Was in Deutschland als Gestaltungskitsch „in" zu sein scheint, kommt woanders vorwiegend nicht an. Aber die deutsche Brille macht es nicht nur den deutschen Eisenbahnern schwer, rechtzeitig an die Kultur in anderen Teilen des Weltmarkts zu denken.

Auch die deutschen Automobildesigner und -strategen haben sich durch ihre deutsche Brille aus entscheidenden Teilen ihres Weltmarkts herausdefiniert: Ihre Produkte wurden bisher nahezu ausschließlich für den deutschen Markt entwickelt, in dem die Autobahnraserei das Maß aller Dinge ist und das Prestigeobjekt Auto die Kunden bewegt, erstaunliche Summen für ihren fahrbaren Untersatz auszugeben – für die USA sind deutsche Autos zu teuer, und in Südostasien haben sie gegen die japanischen und nun auch koreanischen Produkte kaum eine Chance.

So ist Porsche heute in den USA praktisch nicht mehr präsent, und so haben Mercedes-Benz und Volkswagen in den USA gründlich das Feld geräumt und in Südostasien den Seltenheitswert von Exoten erlangt.

Unternehmensstrategie auf Basis einer integrierten Produkt- und Marktstrategie würde für sie heißen, zunächst einmal ein Auto für den US-Markt und eins für Südostasien zu konzipieren, jeweils dem dortigen Bedarf, den dortigen Verhältnissen angepaßt, aber nicht als Me-too-Produkte, sondern mit betont herausgearbeiteten Schlüssel- und Schrittmachereigenschaften. In enger Verbindung damit müßte die Marktstrategie Wege aufzeigen, um deutsche Autos in den USA und in Südostasien wieder zum begehrten, weil vorteilhaften und imagestarken Objekt zu machen. Das Marketingverhalten der deutschen Hersteller in den letzten Jahren hat es dagegen zustande gebracht, in den USA eine Art Schadenfreude darüber zu erzeugen, daß die deutschen

Autos als hoffnungslos überteuert angesehen werden und daß sie Qualitätsmängel aufzeigen, die sie hinter ihren japanischen Konkurrenten rangieren lassen. In Südostasien hat man sich eine Zeitlang gefragt, warum die deutschen Automobilhersteller kein Interesse an den dortigen Märkten zu finden scheinen, inzwischen hat man sie als einer vergangenen Zeit angehörig abgeschrieben.

Solange die Produkt- und Marketingbemühungen der deutschen Hersteller nur darauf abzielen, bei den etablierten Wettbewerbsfaktoren Preis, Qualität und Service wieder einigermaßen gleichzuziehen und im internationalen Rennen der Modellgenerationen mithalten zu können, kommen sie aus der Pattsituation nicht heraus.

Was sie im Sinne einer integrierten Produkt- und Marktstrategie brauchen, ist ein neuer Ansatz der Problemlösung, der auf einer technischen Basis aufbaut, aber in erster Linie einen intelligenten neuen Nutzen stiftet. Ein solcher Ansatz können die Reduktion des Energieverbrauchs und neue Antriebstechniken sein, ein anderer die informationstechnische Einbindung in Verkehrsleitsysteme. Noch ein anderer das Design, nicht im amerikanischen Sinne des „styling", sondern im Sinne der funktions- und technikgerechten Gestaltung.

Diese Wege beschritten Gottfried Benz, der auf eine neue, den herrschenden Verhältnissen völlig fremde Antriebstechnik setzte, Ferdinand Porsche, der sich mit einer innovativen Kombination von Design und Motortechnik durchsetzte, VW mit dem VW-Bus, Renault mit dem „Espace" und das englische Unternehmen Manganese Bronze Holdings plc mit den Londoner Taxis, die neue nutzergerechte Fahrzeugkonzepte hervorbrachten.

Heute sind neue Antriebstechniken nahezu einsatzbereit, Elektromotoren mit einer leistungsfähigen Batterietechnologie, Keramikmotoren mit einem revolutionären Wirkungsgrad, heute springt aller Welt ins Auge, daß die von einer Person gesteuerten (und ansonsten meistens leeren) Blechgehäuse vom Volumen, von der Abgaserzeugung und von der Funktionalität in den ständigen Staus her ein Widersinn sind. Weniger publik ist, daß das Konstruktionsprinzip der heutigen Autos auf Bedingungen und Anforderungen zurückgeht, die der Vergangenheit angehören, sowohl in der Fertigung als auch auf den Straßen, und daß der inzwischen angesammelte Autoschrott zu neuen Lösungen der Entsorgung zwingt. Es ist schlimm, daß es die Angst vor den Grünen war, die zuerst zu gesetzlichen Vorschriften und dann zur nachhinkenden Bereitschaft der Automobilhersteller führte, ihre Produkte entsorgungsfreundlicher zu bauen. Von einer angemessenen Lösung sind wir aber noch weit entfernt! Statt dessen müßte eine integrierte Produkt- und Marktstrategie zur Eigeninitiative der deutschen Automobilhersteller führen, frühzeitig und innovativ die bereits zum Himmel stinkenden Probleme der heutigen Autokultur anzugehen und dadurch auch im Weltmarkt wieder die kreative Initiative an sich zu ziehen.

6.4 Wege zur Integration der Produkt- und Marktstrategie

Um eine Unternehmensstrategie auf Basis einer integrierten Produkt- und Marktstrategie zu organisieren, müssen die Verantwortlichen aller beteiligten Funktionsbereiche des Unternehmens mindestens einmal im Jahr zu einem Produkt-Markt-Review zusammenkommen, auf dem sie jeweils für einen ausgewählten Produktbereich eine kritische und vom Tagesgeschäft losgelöste Bewertung von Stand, Entwicklungstendenzen und Optionen des Anwendungsgebiets ihrer Produkte durchführen.

„Das machen wir ja schon!" ist oft die Antwort, die wir auf diesen Vorschlag hin erhalten.

Aber wenn wir uns die Ergebnisse solcher Sitzungen ansehen, so strotzen sie vor Selbstbestätigung, mangelnder Einsicht in die Kundensituation und voreiligen Schlüssen. Meistens ist der Akzent auch mehr auf die derzeitige Markt- und Wettbewerbssituation gesetzt als auf die Perspektive und auf Richtungsentscheidungen. Ebenso oft kommt darin eine Überschätzung der eigenen Stärken und eine Unterschätzung kritischer Erfolgsfaktoren zum Ausdruck.

Wenn beispielsweise der Deutschen Bundesbahn und der Bundesregierung vor Jahren bewußt gewesen wäre, welche Bedeutung eine schnelle Realisierung des ICE für die deutsche Wirtschaft und für die Umweltentwicklung in Deutschland erlangt, so hätten sie konsequenter mit den Unternehmen zusammengearbeitet, die auf die beschleunigte Fertigstellung von ICE-Strecken drängten. So hätten sie in der Öffentlichkeit ein stärkeres Bewußtsein dafür erzeugt, daß es vorrangig ist, in Deutschland eine Hochgeschwindigkeitsbahn in Betrieb zu nehmen, um gefährlichen Fehlentwicklungen der Verkehrsinfrastruktur und einem schwerwiegenden Wettbewerbsnachteil der deutschen Industrie in einem zukunftsträchtigen Segment entgegenzuwirken.

Strategien auf Basis einer integrierten Produkt- und Marktstrategie überschreiten immer häufiger die Grenzen und den Handlungsspielraum des einzelnen Unternehmens.

Bei der Gesamtbetrachtung eines Produkt-Markt-Gebiets (anstelle einzelner Technologien) wird nämlich oft deutlich, daß Partnerschaften, Kooperationen und Konsortien notwendig sind, zunehmend auch konzertierte Aktionen zwischen Industriefirmen und politischen Instanzen, um im internationalen Wettbewerb zu bestehen. Die deutsche Eisenbahnindustrie kann im Weltmarkt nur reüssieren, wenn die strategischen Anforderungen an sie auch von der Deutschen Bundesbahn miterfüllt werden, wenn in Deutschland zeitgerecht ein innovatives Hochgeschwindigkeitsnetz entsteht und wenn die Bundesregierung ihren wirtschaftspolitischen Auftrag auch als Unterstützungspflicht für die deutsche Industrie beim internationalen Marketing, insbesondere auf politischer Ebene, versteht.

In einer ähnlichen Situation befindet sich auch die deutsche Mikroelektronikindustrie. Das einzelne Unternehmen stünde auf verlorenem Posten, wenn es versuchte, in der Mikroelektroniktechnologie international wettbewerbsfähig zu werden und ein sich selbst tragendes, das heißt rentables Geschäft aufzubauen.

Denn es muß gegen Konkurrenten aus Japan antreten, die auf einem Konsens zwischen der Industrie und der Regierung aufbauen, daß die Mikroelektronik ihrerseits eine Schlüsseltechnologie für eine Vielzahl von wichtigen Anwenderindustrien ist (und nicht eine allgemein verfügbare Basistechnologie!), mit denen Japan sich im Weltmarkt etablieren will, indem es Produkt- und Marketingführerschaft erreicht. Daher wird in Kooperation zwischen den japanischen Mikroelektronikunternehmen, den Anwenderunternehmen und dem MITI eine vernetzte Produktstrategie verfolgt, die den Mikroelektronikherstellern eine sichere Marktbasis (z.B. in der Konsumelektronik, in der Büroautomation, in der Telekommunikation und Datenverarbeitung) bietet und ihnen auf dieser Basis erlaubt, ihre Komponenten auch erfolgreich im Weltmarkt anzubieten.

In Deutschland wurden diese Zusammenhänge weder von den einzelnen Unternehmen noch von der Regierung rechtzeitig zur Kenntnis genommen, obwohl es seit Jahren nicht an Stimmen fehlte, die die Lage des „fünf Minuten vor zwölf" deutlich artikulierten und die nötigen Schlußfolgerungen daraus zogen.[2][3] Die Technologieförderung auf dem Gebiet der Mikroelektronik war jahrelang auf die Nachholjagd in dieser Industrie beschränkt, während auf der Marktseite ganze Branchen wegschrumpften und in das Denkmodell nicht einbezogen wurden. So kam das Entscheidende des japanischen Ansatzes

---

2 Vgl. K. SEITZ: Die japanische Herausforderung, Vortrag vor der Geschäftsführung und dem internationalen Management der Robert Bosch GmbH; Stuttgart 1991
3 Vgl. R. R. HEIKES: Europe – Colony of Japan or Member of the Triade?; Beitrag zum Workshop der Denkfabrik Schleswig-Holstein, 26. September 1991

nicht zum Tragen, nämlich die enge strategische Verbindung mit den Anwendungsindustrien.

„Der jetzt sichtbar gewordene Weg mancher Zweige der deutschen Wirtschaft in eine Strukturkrise ist das Ergebnis unzureichender Zukunftskonzepte in den betroffenen Bereichen der Industrie. Neue technische Konzepte wurden zögerlich am Markt angetestet oder wegen fehlender Anfangsrentabilität nicht rechtzeitig für eine Großserienproduktion vorbereitet.

Die Anpassung der heutigen Leitindustrien an sich rasch verändernde Technologien und Märkte, die Entwicklung neuer Märkte und neuer Industrien erfordert eine wesentlich engere Zusammenarbeit als bisher zwischen Anwenderindustrien und einer starken Halbleiterindustrie, um sicherzustellen, daß Maschinenbau, Automobilindustrie, Unterhaltungselektronik, Telekommunikation, Datentechnik und künftige neue Industrien einen gesicherten und nicht-manipulierbaren Zugriff auf moderne Mikroelektronik haben", so die Arbeitsgruppe der Industrie des IT-Gesprächskreises „Mikroelektronik" vom März 1993[4]. Von dieser späten Erkenntnis bis zur Umsetzung in einen erfolgversprechenden Industrieverbund ist ein weiter Weg, der um so schwieriger zu gehen ist, als der gute Wille und die entschlossene Pose nicht ausreichen.

6.5 Der entscheidende Ansatz: Der Produkt-Markt-Review

Nicht der Technologie-Jargon und die Spezialistendebatten führen weiter, wie sie in vielen Arbeitskreisen und Fachgremien vorherrschen, sondern die interdisziplinäre Perspektive und die Strategiemethodik, die auf Produkt- und Marktüberlegungen aufbaut.

Die *Ausgangsbetrachtung eines Produkt-Markt-Reviews* richtet sich deshalb auf die Anwendungsgebiete und die unmittelbaren Nutzer (siehe Abbildung 6-1). Was tun sie, warum tun sie es, welche Hilfsmittel stehen ihnen zur Verfügung, welche Einschränkungen gibt es, was wäre deren Überwindung wert? Häufig ist auch von Bedeutung oder sogar entscheidend, in welchem größeren Zusammenhang die Nutzer ein Produkt einsetzen, was die Nutzer ihrer Produkte erwarten und welchen Randbedingungen sie selber unterliegen.

---

[4] Vgl. Fußnote 4 in Kapitel 3

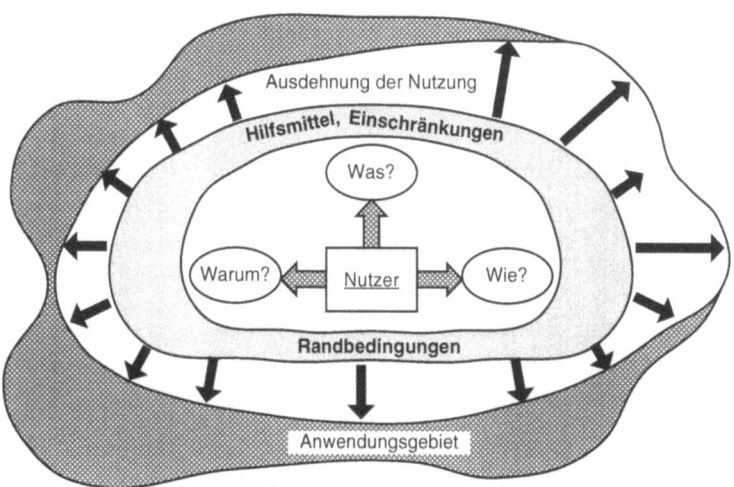

Abbildung 6-1: Ausgangsbetrachtung eines Produkt-Markt-Reviews

Diese Analysen müssen die Verantwortlichen aller Funktionsbereiche eines Unternehmens gemeinsam vollziehen, weil nicht nur die richtige Erkenntnis wichtig ist, sondern weil das gemeinsame Lernen „gelernt" werden muß, das heute in vielen Unternehmen verkümmert ist. Anstatt Informationsquellen und mögliche Kontributoren zu dem Erkenntnisprozeß zu umgehen, häufig aus einem falsch verstandenen Anspruch „Das packen wir alleine" heraus, muß die Maxime sein, möglichst viele Anregungen, Denkanstöße, Provokationen und vorhandene Informationen einzubeziehen, auch von außerhalb des Unternehmens.

Aber es darf nicht zu einem Meinungs- und Informationswirrwarr kommen, vielmehr muß die Grundordnung des Analyse- und Interpretationsprozesses auf die Entwicklung eines Nutzenmodells der Kunden abzielen, aus dem sich die Überzeugung aller Beteiligten ableiten läßt, daß damit weitergearbeitet und argumentiert werden kann.

Darauf aufbauend müssen die bestehenden Produkte und Problemlösungen auf ihre Eignung hin bewertet werden. Ziel ist es, Nutzendefizite zu erkennen, auch wenn die Kunden sie aus Gewöhnung oder aus Mangel an Vorstellungskraft nicht artikulieren können. Umgekehrt sind viele Wünsche und Ideen der Kunden, an der Oberfläche betrachtet, unrealistisch oder nur mit unvertretbarem Aufwand erfüllbar – jedenfalls mit den derzeitigen Produktkonzepten –, aber sie stellen Wegweiser zu Nutzendefiziten dar, die zunächst als solche gesammelt und verstanden werden müssen.

Die Quelle der Erkenntnisse müssen in jedem Fall die Kunden bzw. die direkten Nutzer selber sein. Bei der Analyse muß herausgearbeitet werden, durch welche Merkmale der angebotenen Produkte und Leistungen Nutzenaspekte nur teilweise oder gar nicht abgedeckt werden und welche Nachteile für die Nutzer daraus entstehen. Gleichzeitig müssen auch bestehende Randbedingungen und ökonomische Zusammenhänge durchleuchtet werden, die den Nutzen der Produkte in ihrer derzeitigen Konfiguration einschränken oder die Problemlösung beeinträchtigen.

Beispielsweise wird der Nutzen des PKWs für die meisten direkten Nutzer dadurch geschmälert, daß die Mobilität mit einem hohen Aufwand bezahlt werden muß, aber erst recht dadurch, daß zunehmende Staus auf dem vorhandenen Straßennetz die Mobilität häufig ad absurdum führen.

Ebenso wird der Nutzen von Laptops für andere als „Freaks" dadurch unterminiert, daß die Bedienung eine Fertigkeit erfordert, die der Gelegenheitsnutzer nicht zu erlangen bereit ist. Der Übergang von Papier und Bleistift oder selbst von Papier und Schreibmaschine zum Laptop, der ja eine Welt von neuen Nutzenaspekten eröffnet, wird überschattet durch Bedienungsnachteile und Technologie-Marotten bei einfachsten redaktionellen Operationen.

Die Nutzer und ihr Kompetenzprofil, ihre Prioritäten und Bedarfsfaktoren zu verstehen, das ist daher ebenso wichtig wie das Nutzenmodell.

Aus der Gegenüberstellung des Nutzenmodells der Kunden und der bestehenden Nutzendefizite werden die Potentiale einer integrierten Produkt-/ Marktstrategie ersichtlich, mit denen sich das Unternehmen in zweierlei Hinsicht auseinandersetzen muß (siehe Abbildung 6-2):

– Im Rahmen des Kundennutzen-Optimierungsprozesses müssen die Entwicklungsvorhaben präzisiert und bewertet werden, mit denen Produkte und Lösungen bereitgestellt werden sollen, die auf den Abbau der Nutzendefizite ausgerichtet sind.
Hierbei ist die strategische Unterscheidung in Basis-, Schlüssel- und Schrittmacherprodukte zu treffen, um die Technologieentwicklung gezielt auf neue Schlüssel- und Schrittmacherprodukte zu konzentrieren.
– Im Rahmen des Marktkommunikationsprozesses müssen die Marktsegmente und Zielgruppen eingekreist und eine Marktstrategie mit zeitlichen Vorgaben entwickelt werden, um sicherzustellen, daß das Unternehmen die bestmögliche Marktpenetration und Wettbewerbsdifferenzierung erreicht.

Endergebnis eines Produkt-Markt-Reviews sind daher aufeinander abgestimmte Produkt- und Marktstrategien, wie sie nach einer Untersuchung von

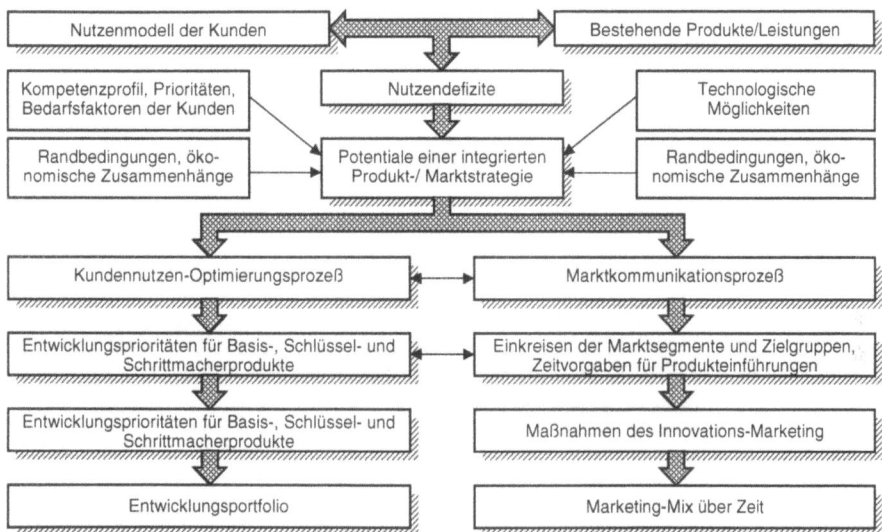

Abbildung 6-2: Der Produkt-Markt-Review verhilft zu einer abgestimmten Produkt- und Marktstrategie

Prof. Dr. Brockhoff heute weniger als ein Drittel der deutschen Unternehmen aufweisen.[5] Brockhoff führte in 38 deutschen Unternehmen bzw. deren Geschäftsbereichen Interviews mit den für Marketing und den für Forschung und Entwicklung verantwortlichen Leitern durch, bei denen er jeweils nach einem systematischen Bewertungsraster die verfolgte Markt- bzw. Produktstrategie charakterisieren ließ. Er stellte gravierende Diskrepanzen fest: Bei 66 % der untersuchten Unternehmen waren die Produkt- und die Marktstrategie nicht aufeinander abgestimmt.

Als Erklärungsmöglichkeit sieht Brockhoff an, daß die Herstellung der Harmonie zwischen den Funktionsbereichen auf Schwierigkeiten stößt und deshalb in vielen Geschäftsbereichen nicht gelingt. Das wundert ihn zunächst, denn Produkt- und Projektmanager, Koordinationsausschüsse und Abstimmungsgremien seien praktisch in allen Unternehmen tätig. Die entscheidende Frage scheint ihm daher zu sein, ob die Gelegenheiten zur Koordination auch im Sinne einer Strategieabstimmung genutzt werden. Indizien deuten darauf hin, daß Schwächen in der Strategiekoordination bestehen. Als Gründe für Kommunikationsprobleme zwischen der Technologie-/Produktseite und der

---

5 Vgl. K. BROCKHOFF: Schnittstellen-Management – Abstimmungsprobleme zwischen Marketing und Forschung und Entwicklung; Stuttgart 1989

Marketing-/Vertriebsseite wurden in einer breit angelegten Untersuchung bei 174 Unternehmen vier wesentliche Störungen herausgefunden:[6]

- unzureichender Informationsstand zwischen Forschung und Entwicklung einerseits und Marketing andererseits,
- Abhängigkeit der Informationsflüsse von persönlicher Sympathie,
- zu große Kompromißbereitschaft im Entscheidungs- und Entwicklungsprozeß,
- Entwicklungsvorhaben auf eigene Faust.

Arthur D. Little zeigte auf, daß die Innovationsleistung der Unternehmen durch eine bewußte Steuerung des Innovationsprozesses beträchtlich gesteigert werden kann und daß es sich hierbei um eine Querschnittsaufgabe handelt.[7]

Der Produkt-Markt-Review hat sich als wirkungsvolles Instrument erwiesen, um diese Querschnittsaufgabe zu bewältigen und die funktionsübergreifenden Prozesse der Kundennutzen-Optimierung und der Marktkommunikation in Übereinstimmung mit der Unternehmensstrategie in Gang zu setzen und immer wieder zu überprüfen.

6.6 Produkt- und Unternehmensstrategien für den Standort Deutschland

Bisher hat sich die deutsche Wirtschaft im internationalen Vergleich besser gehalten als ihr Ruf.

In den letzten 20 Jahren stieg das deutsche Exportvolumen von 50 Milliarden Dollar auf 350 Milliarden Dollar pro Jahr, ähnlich stark wie das japanische und stärker als das US-amerikanische oder das französische (siehe Abbildung 6-3), wobei ein Teil des Anstiegs auf die Aufwertung der DM gegenüber dem Dollar zurückzuführen ist (das gilt in noch stärkerem Maß für die japanischen Exporte, da der Yen gegenüber dem Dollar und der DM noch deutlicher aufgewertet wurde). Auch wenn der Anteil der deutschen EG-Exporte am Gesamtexport, der 1973 bei rund 40 % lag, in dieser Zeit auf nahezu 60 % anstieg[8], so hat die deutsche Wirtschaft weltweit ihre Position als zweitgrößter Exporteur hinter den USA und vor Japan gehalten.

---

[6] Vgl. Forschungs- und Entwicklungsenquête (1988), zitiert in : K. BROCKHOFF; Schnittstellen-Management – Abstimmungsprobleme zwischen Marketing und Forschung und Entwicklung; Stuttgart 1989
[7] Vgl. TOM SOMMERLATTE: Innovationsfähigkeit und betriebswirtschaftliche Steuerung – läßt sich das vereinbaren?; Die Betriebswirtschaft, 48. Jg., 1988
[8] Vgl. ARTHUR D. LITTLE (Hrsg.): Management der Europa-Strategie; Wiesbaden 1993

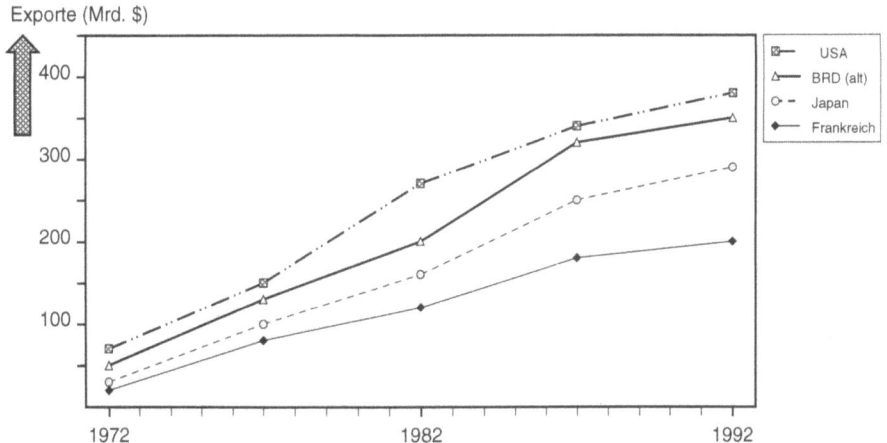

Abbildung 6-3: Bisher hat sich die deutsche Wirtschaft im internationalen Vergleich besser gehalten als ihr Ruf: Die deutschen Exporte können sich sehen lassen (Quelle: OECD)

Wird sie diese Position verteidigen können?

Das deutsche Bruttosozialprodukt stieg in den letzten 20 Jahren von 260 Milliarden Dollar auf nahezu 1.800 Milliarden Dollar (um die 3.000 Milliarden DM) an, wenn wir nur die Bundesrepublik „alt" betrachten; durch das Hinzukommen der neuen Bundesländer hat es die 2.000 Milliarden Dollar erreicht. Damit stellt das deutsche Bruttosozialprodukt heute ein Drittel des amerikanischen dar (während es 1972 nur etwa ein Fünftel war). Nur das japanische Bruttosozialprodukt wuchs wesentlich stärker (siehe Abbildung 6-4).

Aber Deutschland hat im internationalen Wettbewerb zusehends an „Unique Selling Propositions" (Alleinstellungsmerkmalen) verloren und ist daher heute einem viel intensiveren Konkurrenzkampf ausgesetzt.

Das liegt an zwei Entwicklungen:

- Die deutsche Wirtschaft hat bei einigen Erfolgsfaktoren, die in der Vergangenheit ihre Stärke ausmachten, ein zurückgehendes Leistungsniveau zu verzeichnen.
- Ausländische Wettbewerber haben bei vielen Erfolgsfaktoren aufgeholt, so daß die Differenzierungswirkung der traditionellen deutschen Stärke schwindet.

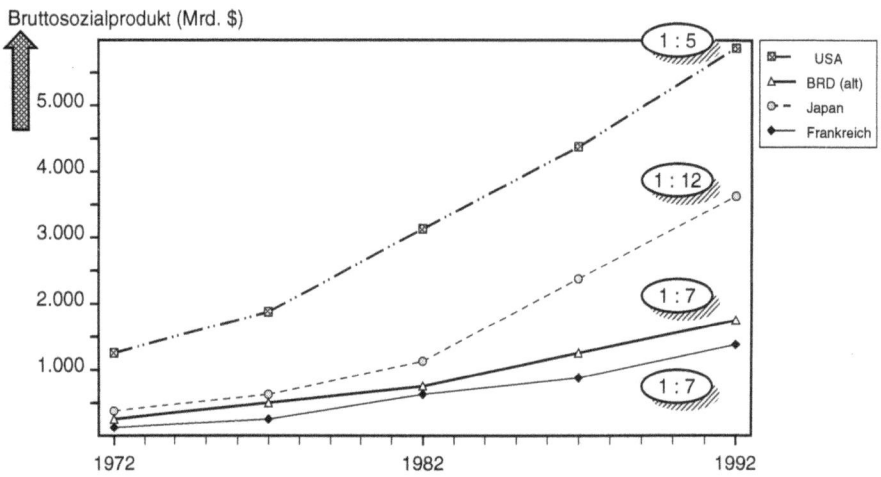

Abbildung 6-4: Bisher hat sich die deutsche Wirtschaft im internationalen Vergleich besser gehalten als ihr Ruf: Das deutsche Bruttosozialprodukt kann sich sehen lassen (Quelle: OECD)

So ist der Qualitätsanspruch, der mit „Made in Germany" verknüpft war, heute kaum noch aufrechtzuerhalten. Die in die deutschen Produkte hineinkonstruierte Qualität wird heute von japanischen und südostasiatischen, aber auch von anderen europäischen Herstellern meistens ohne weiteres erreicht oder sogar übertroffen. Das gilt insbesondere für die gefertigte Qualität, bei der der deutsche Standard sogar gesunken ist. Besonders stark zurückgefallen sind deutsche Produkte inzwischen in der Gebrauchsqualität, das heißt in der Benutzer- und Wartungsfreundlichkeit und in der „Meantime between Failure", wo japanische Produkte ihnen vielfach den Rang ablaufen.

Unverzeihlich ist, daß die Qualität der Kundenpflege von deutschen Unternehmen nicht gesteigert wurde, obwohl sich hier weltweit der Wettbewerb sichtbar intensiviert hat. In Deutschland sitzen die Hersteller zum Teil immer noch auf dem hohen Roß.

Ein Plus der deutschen Unternehmen, das noch besteht und sogar an Bedeutung gewonnen hat, ist die Zuverlässigkeit der Liefertermine. Hier tun sich ihre europäischen Konkurrenten weiterhin schwer, und die südostasiatischen Konkurrenten haben den Nachteil der langen Wege. Das gleiche gilt für den Ruf deutscher Unternehmen, Zusagen und Absprachen zuverlässig einzuhalten.

Bei beiden Unique Selling Propositions sollten deutsche Unternehmen größte Anstrengungen unternehmen, um ihre Leistung nicht nur zu halten, sondern zu steigern. Dazu gehört, zunehmende Komplexität und Abhängigkeit von ausländischen Zulieferern zu vermeiden, deren Termin- und Vertragsgebahren sich auf die Leistungsfähigkeit deutscher Unternehmen nach außen auszuwirken beginnt.

Die Zuverlässigkeit des deutschen Service hat in den letzten Jahren spürbar nachgelassen, aber da dasselbe bei den ausländischen Konkurrenten zu beobachten ist, erwuchs daraus bisher kein nennenswerter Wettbewerbsnachteil. Strategisch gesehen besteht hier aber eine beträchtliche Differenzierungschance, die die deutschen Unternehmen noch nicht ergriffen haben.

Die vielgerühmte Disziplin in den deutschen Unternehmen besteht häufig nur noch in den Augen ausländischer Meinungsträger. In Wirklichkeit hat die Disziplin sowohl in der Führung als auch in der Mitarbeiterschaft deutlich Einbußen erlitten – die Unternehmenskultur ist häufig in Routineverhalten, Gleichgültigkeit und mangelnde Identifikation mit dem Unternehmen abgeglitten.

Nur die Sauberkeit, die deutschen Werken nachgesagt wird, ist im internationalen Vergleich noch ein Differenzierungsfaktor. Die Frage ist: wie lange noch? Denn inzwischen können wir in Frankreich, in Spanien und auch in den USA eine zunehmende Einsatzbereitschaft und Disziplin der gesamten Organisation beobachten.

Und in Japan sind die Führungskultur und die Arbeitskultur seit eh und je den deutschen Verhältnissen überlegen. Inzwischen ist in dieser Hinsicht Japan der Maßstab, und nicht mehr Deutschland (siehe Abbildung 6-5).

Was die technische Kompetenz in Deutschland anbetrifft, so ist zwar das Entwicklungs- und Konstruktions-Know-how nicht gesunken, aber das Ausland hat dramatisch aufgeholt. Computer-aided Design, neue Kompetenzfelder in der Mikroelektronik und der Mikrosystemtechnik und immer bessere Ausbildungssysteme haben ausländischen Wirtschaften dazu verholfen, ihr Entwicklungs- und Konstruktions-Know-how zu stärken und hier teilweise sogar beachtliche Vorsprünge herauszuholen.

Die deutsche Facharbeiterschaft, auf die deutsche Unternehmensführer und Wirtschaftspolitiker immer wieder pochen, hat an Bedeutung und Stellung verloren, seitdem die technologische Dynamik und die Unternehmensstrukturen immer größere Herausforderungen für diesen Stand darstellen. Die deutschen Unternehmen tun zu wenig, um diesen Unique Selling Point zu retten, um den uns das Ausland beneidet. Hierzu wäre ein weitgehend überarbeitetes Aus- und Weiterbildungssystem für Facharbeiter erforderlich, das eine echte Alternative zu akademischen Ausbildungswegen darstellt.

Deutsche USPs	Tendenz des deutschen Standards	Tendenz der internationalen Differenzierung

• Qualität (Made in Germany)
  - Konstruierte Qualität
  - Gefertigte Qualität
  - Gebrauchsqualität
  - Kundenpflege
	↘	↘

• Zuverlässigkeit
  - Liefertermine
  - Service
  - Absprachen, Zusagen
	↘	↗

• Disziplin
  - Führungskultur
  - Arbeitskultur
  - Sauberkeit
	↘	↘

Abbildung 6-5: Deutschland hat an Unique Selling Propositions verloren (1)
(Quelle ADL-Analysen, 1993)

Der Status des deutschen Maschinenparks stellt im Durchschnitt weiterhin einen Pluspunkt gegenüber der ausländischen Konkurrenz dar, aber bei dem derzeitigen Investitionsverhalten der deutschen Unternehmen schwindet der Vorteil zusehends. In Südostasien entstehen, oft mit Hilfe deutscher Anlagenbauer, hochmoderne Werke, die einen spürbaren Produktivitätsvorteil aufweisen.

Obwohl also die technische Produktivität in den deutschen Unternehmen Jahr für Jahr mit den gewohnten Raten von 2 bis 5 % zunimmt, preschen die ausländischen Konkurrenten häufig viel schneller vor und laufen den deutschen Unternehmen durch prinzipiell andere Lösungen den Rang ab. Beispiele hierfür sind das Just-in-time und das Minimalistic Manufacturing.

Deutsche Unternehmen hatten in vielen Branchen einen Erfahrungsvorsprung, der aus ihrer langjährigen Weltmarktpräsenz und Industriekultur und aus ihren etablieren Kundenbeziehungen resultierte. Während die Weltmarktpräsenz und die Kundenbeziehungen keine Fortschritte machen – hier zehren die deutschen Unternehmen heute von der Erfolgen der Vergangenheit –, holen ausländische Unternehmen rapide auf und dezimieren den Differenzierungsvorsprung der Deutschen. Auch in bezug auf die Industriekultur kann man heute in Südostasien weitaus modernere Ansätze beobachten als in Deutschland.

Die Infrastruktur der Verkehrs- und Kommunikationsnetze und der Zulieferindustrien, die in Deutschland einen sehr hohen Stand aufweist, macht keine weiteren nennenswerten Fortschritte, während andere Länder immer stärker aufholen. Chancen der Hochgeschwindigkeits-Eisenbahn, moderner Telekommunikationsnetze und besonders effektiver Zulieferverhältnisse werden bei uns zögerlich angegangen, als ob wir nichts zu verlieren hätten.

In wichtigen modernen Industrie- und Technologiebereichen wie der Mikroelektronik und der Biotechnologie sind die Know-how-Netze zwischen Hersteller- und Zulieferunternehmen, Forschungs- und Ausbildungseinrichtungen und Anwendungsindustrien heute in Deutschland ernsthaft gefährdet, während in Japan und USA diese Know-how-Netze bewußt kultiviert werden (siehe Abbildung 6-6).

Ein großer Wettbewerbsvorteil vieler deutscher Branchen bestand in der Größe des geschützten deutschen Heimmarkts. Das galt beispielsweise für die deutsche Telekommunikationsindustrie, für Branchen, bei denen Normen und Standards eine Rolle spielen, durch die auch leistungsfähige ausländische Anbieter herausgehalten werden konnten, und für Produktgebiete, bei denen die hohen Anforderungen in Deutschland nur von deutschen Herstellern befriedigt wurden (z.B. bei Werkzeugmaschinen, Chemieanlagen und vielen Zulieferindustrien).

Obwohl der deutsche Heimmarkt durch die Wiedervereinigung noch einmal gewachsen ist, verliert die Heimmarktgröße infolge der europäischen Integration und des Wegfalls von Schutzmechanismen an Bedeutung. Deutsche Unternehmen müssen sich heute im europäischen Markt mit Wettbewerbern aus ganz Europa und im Weltmarkt mit vielen neuen globalen Anwendern messen.

Schließlich schwindet der Vorteil deutscher Unternehmen, der aus ihrem höheren Investitionspotential resultierte. Sie verfügten in der Vergangenheit über häufig überlegene Entwicklungsressourcen und wiesen bei unternehmerischen Maßnahmen der Expansion, Modernisierung und des Geschäftsausbaus die höhere Reaktionsgeschwindigkeit auf. Während sie heute ihre Entwicklungsressourcen im besten Fall konstant halten und ihre Reaktionsgeschwindigkeit wegen komplexerer Entscheidungswege eher gesunken ist, treten neue internationale Wettbewerber auf, die ihnen mit ihrem Innovationspotential und ihrer unternehmerischen Entschlossenheit den Rang ablaufen. Infolge hoher Kostenbelastungen ist in vielen Unternehmen heute auch die Finanzkraft angeschlagen (siehe Abbildung 6-7).

Deutsche USPs	Tendenz des deutschen Standards	Tendenz der internationalen Differenzierung
• Technische Kompetenz - Entwicklungs-/Konstruktions-Know-how - Facharbeiterschaft - Status des Maschinenparks - Technische Produktivität	→ → ←	← ← ←
• Erfahrung - Weltmarktpräsenz - Industriekultur - Kundenbeziehungen	→ → ←	← ← ←
• Infrastruktur - Verkehrs-/Kommunikationsnetze - Know-how-Netze - Zuliefernetze	→ → ←	← ← ←

Abbildung 6-6: Deutschland hat an Unique Selling Propositions verloren (2)
(Quelle: ADL-Analysen, 1993)

Ist der Standort Deutschland daher heute noch ein strategisch günstiger Standort? Die Diskussion ist seit Monaten entbrannt, und die Bundesregierung hat darauf mit ihrem Standortsicherungsgesetz geantwortet.

Die kritischen Aspekte des Standorts Deutschland wie hohe Lohn- und Lohnnebenkosten, geringe durchschnittliche Arbeitszeit und niedrige Betriebszeiten der Anlagen in der Industrie sind unbestreitbar (siehe Abbildungen 6-8 bis 6-10), aber diese Aspekte existieren seit vielen Jahren und wurden verkraftet. Seit 1986 sind die Reallöhne und Stücklohnkosten pro Beschäftigtem in Deutschland sogar weniger gestiegen als der Durchschnitt in der Europäischen Gemeinschaft (siehe Abbildungen 6-11 und 6-12), so daß der Index der Produktionskosten gegenüber 1985 in Deutschland heute niedriger liegt als in den meisten Mitgliedsländern der Europäischen Gemeinschaft (siehe Abbildung 6-13).

Viele deutsche Unternehmen haben sich unter dem Begriff „Lean Management" in den letzten ein bis zwei Jahren intensiv um ihre Kosten gekümmert und Strukturverbesserungen eingeleitet.

Und die politischen Instanzen und Gewerkschaften ließen sich angesichts der wirtschaftlichen Gefahren vielfach dazu bewegen, den Unternehmen entgegen zu kommen.

Deutsche USPs	Tendenz des deutschen Standards	Tendenz der internationalen Differenzierung

• Heimmarkt
  - Heimmarktgröße
  - Heimmarktschutz
	↗↘	↘

• Investitionspotential
  - Entwicklungsressourcen
  - Finanzkraft
  - Reaktionsgeschwindigkeit
	↘	↘

Abbildung 6-7: Deutschland hat an Unique Selling Propositions verloren (3) (Quelle: ADL-Analysen, 1993)

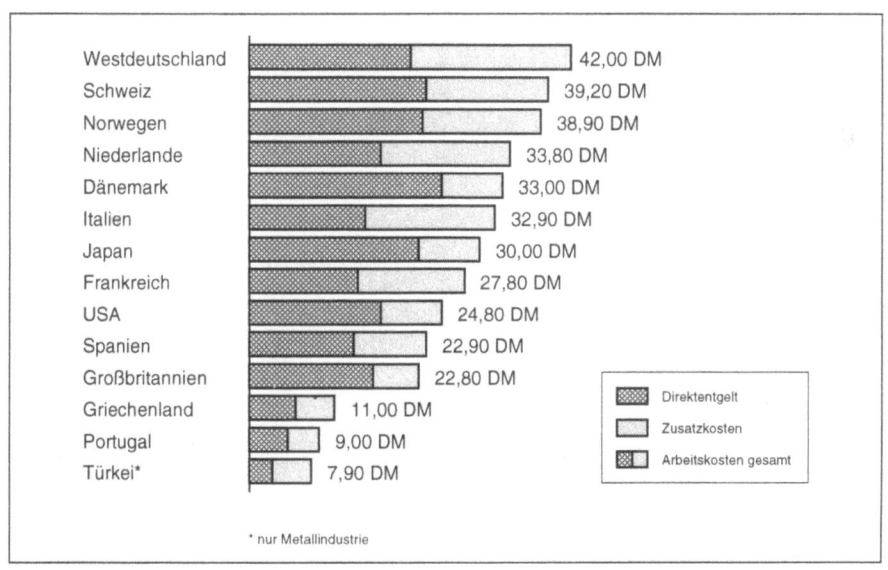

Abbildung 6-8: Vergleich der Lohnkosten je Arbeitsstunde – in DM (Quelle: IW)

So entschied sich Opel, ein neues Werk für Dieselmotoren in Kaiserslautern zu bauen. Das Bundesland Rheinland-Pfalz gewann den Standortwettbewerb gegen andere europäische Standorte durch eine Netto-Investitionsförderung von 13 %, und die Belegschaft ermöglichte durch höhere Maschinenlaufzeiten, eine flexible Arbeitszeitregelung, Gruppenarbeit und eine Fehlzeitenquote von nur 5 % eine Kompensation der in Deutschland höheren Lohnkosten.

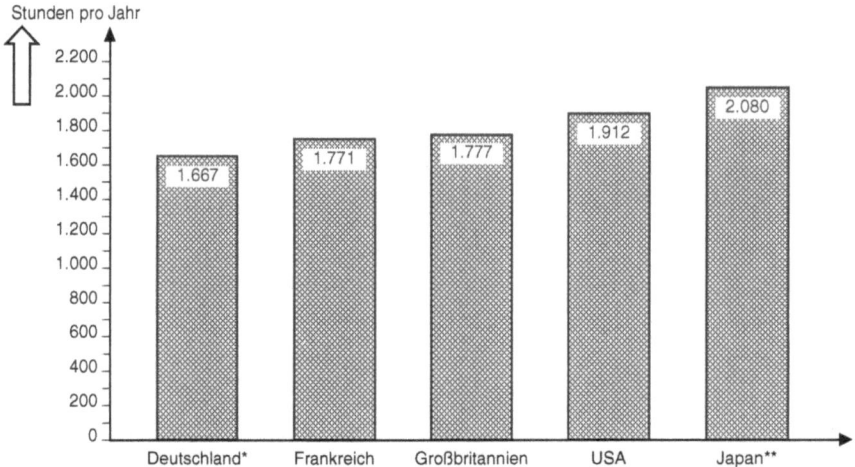

Abbildung 6-9: Durchschnittlich geleistete Jahresarbeitszeit für Arbeiter des verarbeitenden Gewerbes (Quelle: Bundesvereinigung der Deutschen Arbeitgeber)

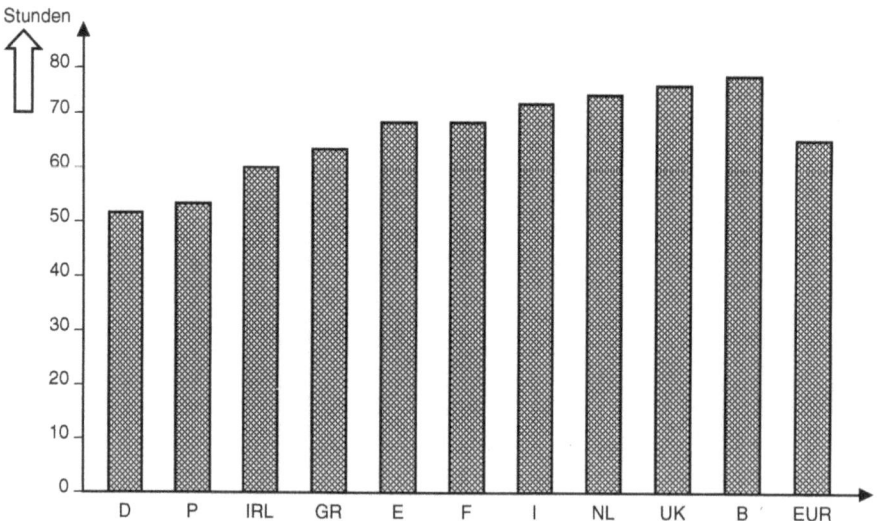

Abbildung 6-10: Durchschnittliche wöchentliche Betriebszeit der Anlagen in der Industrie (Quelle: Ad-hoc-Arbeitsmarktumfrage der EG, 1989)

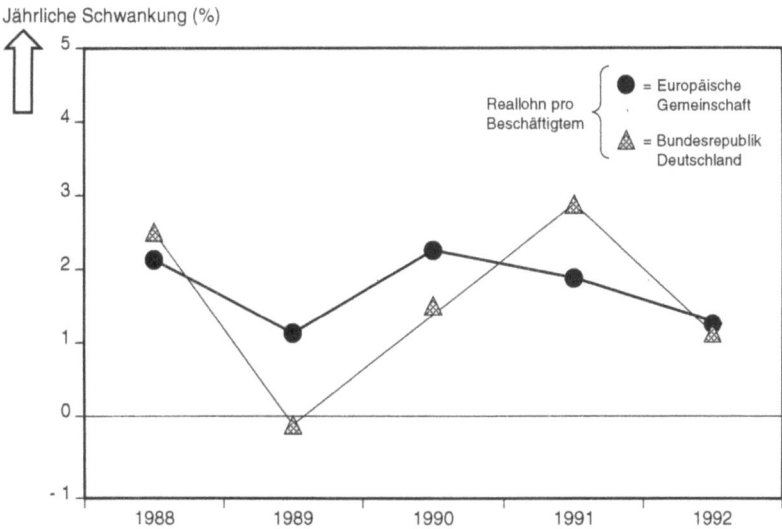

Abbildung 6-11: Die deutschen Reallöhne stiegen seit 1988 weniger als der Durchschnitt in der Europäischen Gemeinschaft
(Quelle: „Industrie- und Wirtschaftsentwicklung", Panorama, 1991)

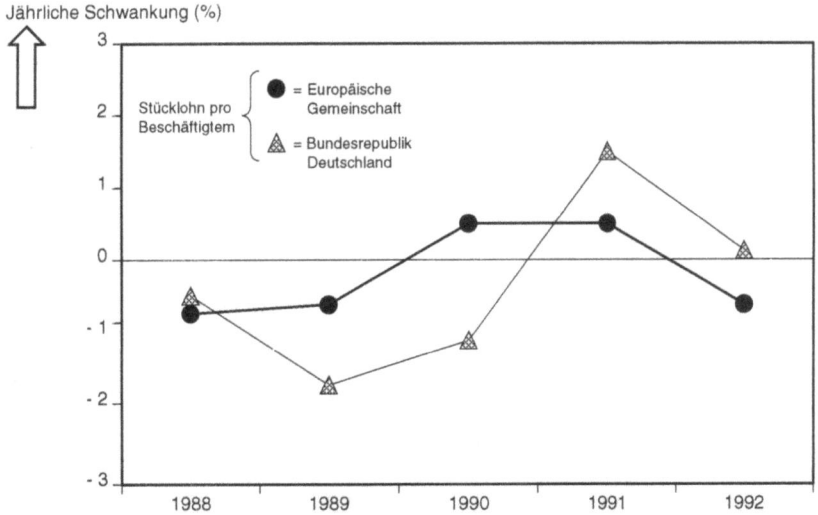

Abbildung 6-12: Auch bei den Stücklohnkosten blieb Deutschland seit 1988 unter den durchschnittlichen Werten in der Europäischen Gemeinschaft
(Quelle: „Industrie- und Wirtschaftsentwicklung", Panorama, 1991)

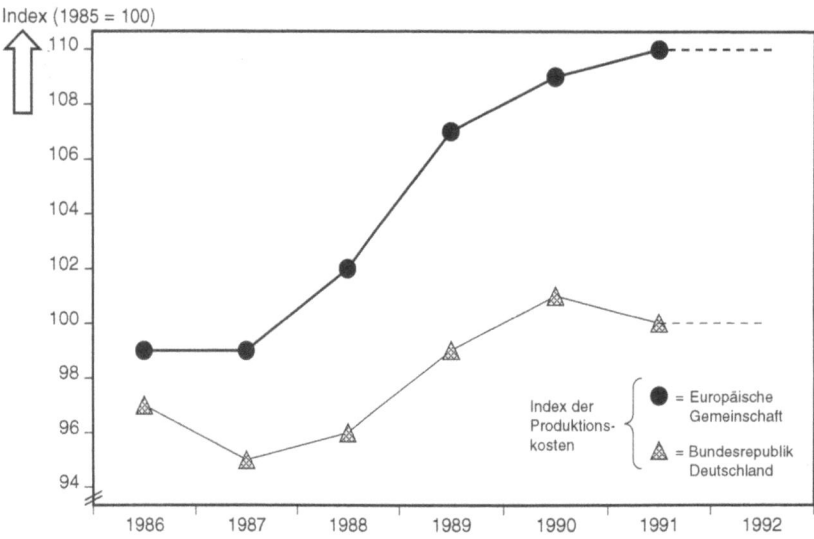

Abbildung 6-13: Der Index der Produktionskosten liegt in Deutschland gegenüber 1985 heute niedriger als in den meisten anderen EG-Ländern
(Quelle: „Industrie- und Wirtschaftsentwicklung", Panorama, 1991)

Auch bei Mercedes-Benz führten Zugeständnisse der Betriebsräte in bezug auf flexible Arbeitszeiten, Schichtarbeit, Abschaffung von Erholzeiten sowie Einführung von Gruppenarbeit und eines neuen Entlohnungssystems dazu, daß die neue Generation von PKW-Motoren im Stammwerk Untertürkheim gefertigt und nicht, wie zunächst geplant, ausgelagert wird.

Hat der Standort Deutschland also Chancen, an Attraktivität zurückzugewinnen? Wo die Nachteile im internationalen Vergleich liegen, ist schnell erkannt (siehe Abbildung 6-14 und 6-15):

– bei den Personalkosten (auch unter Berücksichtigung der Produktivität),
– beim Arbeitsrecht,
– bei der Körperschafts- und Gewerbesteuer,
– bei den Genehmigungsverfahren und Umweltschutzbestimmungen.

Andererseits hat Deutschland für Produktionsstätten mit hohen Anforderungen an ein qualifiziertes Arbeitskräfteangebot und unter Berücksichtigung von wirtschaftlicher, sozialer und politischer Stabilität sowie der Kooperationsbereitschaft der Gewerkschaften immer noch ein Plus aufzuweisen.

In der Gesamtbewertung schneidet der Standort Deutschland für Produktionen mit hoher Wertschöpfung gegenüber allen anderen Standorten in Nord-,

▶ Beispiel: Standortbewertung Fertigung

Bewertungskriterien (Gewicht)	Standortalternativen					
	D	EG Nord	EG Süd	Osteur.	USA	SO-Asien
• **Arbeit**						
- Arbeitskräfteangebot (0,5)						
- Personalkosten/Produktivität (1,0)						
- Arbeitsrecht (0,5)						
- Qualifikationen (0,5)						
• **Steuern**						
- Körperschaftssteuer (1,0)						
- Gewerbesteuer (0,6)						
- Einkommensteuer (0,6)						
- Abschreibungen (0,3)						
• **Gesetzlicher Rahmen**						
- Genehmigungsverfahren (1,0)						
- Umweltschutz (1,0)						
- Haftungsrecht (0,5)						
• **Infrastruktur**						
- Energie (0,5)						
- Verkehr (0,5)						
- Telekommunikation (0,5)						
- Öffentliche Verwaltung (0,5)						
- Zulieferer (0,5)						
Zwischenbilanz 1	2,6	2,9	3,3	2,8	3,7	4,1

▨ stark ▧ schwach

Abbildung 6-14: Wo die zunehmenden Handicaps liegen, ist schnell erkannt (1) (Quelle: ADL-Analysen, 1993)

Süd- und Osteuropa günstig ab, liegt dagegen gegenüber den USA und Südostasien weiterhin abgeschlagen zurück.

Unter dem Druck der Konjunktur- und Strukturkrise mehren sich jedoch die Anzeichen einer Korrekturbereitschaft, die es entschlossen zu nutzen gilt. Arbeitsplatzsicherung und Arbeitsplatzbeschaffung müssen Vorrang vor Steigerungen der Reallöhne haben. Gesetzlich bedingte Arbeitszeitbeschränkungen müssen durch eine generelle Reform des Arbeitszeitrechtes aufgehoben werden, denn längere Maschinenlaufzeiten und flexiblere Arbeitszeiten sind eine Voraussetzung, um den Nachteil kurzer Arbeitszeiten gegenüber Japan und den USA auszugleichen.

Das Standortsicherungsgesetz führt zu einer ersten Senkung des Spitzensteuersatzes für gewerbliche Einkünfte. Die Steuerquote muß gesenkt werden. Mit dem Investitionserleichterungsgesetz sollen die langen Genehmigungsverfahren abgekürzt werden.

Allerdings, so der Repräsentant der Automobile Manufacturers Association, Andreas Meckel, sei es falsch, das Konzept des „Lean Management" nur auf Kostensenkung hin zu interpretieren, wie es in deutschen Unternehmen vorwiegend geschehe.[9] Der hinter dem Lean Management stehende Gedanke,

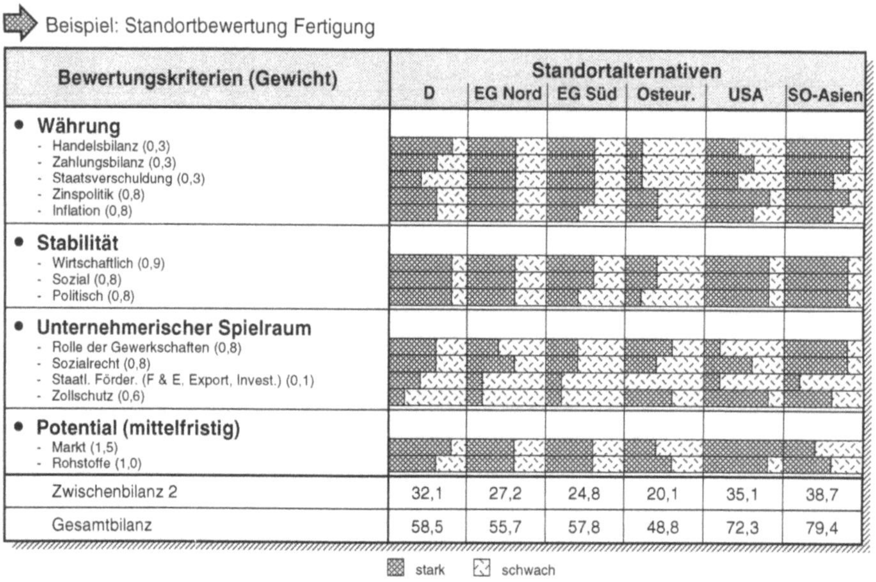

▸ Beispiel: Standortbewertung Fertigung

Bewertungskriterien (Gewicht)	Standortalternativen					
	D	EG Nord	EG Süd	Osteur.	USA	SO-Asien

• **Währung**
  - Handelsbilanz (0,3)
  - Zahlungsbilanz (0,3)
  - Staatsverschuldung (0,3)
  - Zinspolitik (0,8)
  - Inflation (0,8)						

• **Stabilität**
  - Wirtschaftlich (0,9)
  - Sozial (0,8)
  - Politisch (0,8)						

• **Unternehmerischer Spielraum**
  - Rolle der Gewerkschaften (0,8)
  - Sozialrecht (0,8)
  - Staatl. Förder. (F & E, Export, Invest.) (0,1)
  - Zollschutz (0,6)						

• **Potential (mittelfristig)**
  - Markt (1,5)
  - Rohstoffe (1,0)						

Zwischenbilanz 2	32,1	27,2	24,8	20,1	35,1	38,7
Gesamtbilanz	58,5	55,7	57,8	48,8	72,3	79,4

▨ stark   ⊠ schwach

Abbildung 6-15: Wo die zunehmenden Handicaps liegen, ist schnell erkannt (2)
(Quelle: ADL-Analysen, 1993)

daß der Mensch anstelle der Maschinen wieder in den Mittelpunkt rückt, sei in Deutschland völlig in den Hintergrund getreten. Man dürfe nicht nur Kosten sparen, sondern müsse völlig umdenken.

Personalabbau dürfte nicht der erste, sondern müsse der letzte Schritt sein, denn „wenn Sie heute in Sindelfingen, Rüsselsheim, Wolfsburg oder Köln in die Unternehmen hineingehen, dann finden Sie dort eine demotivierte Mannschaft vor, und die Mitarbeiter wenden sehr viel Kraft auf, ihren Arbeitsplatz zu verteidigen".

Die Massenproduktion gehe mit Verschwendung menschlicher Arbeitskraft einher, während moderne Produkt- und Marktstrategien wieder das Kreativitätspotential des einzelnen nutzen müßten.

So stellt sich denn die vielleicht wichtigste Standortfrage: Ist Deutschland noch in der Lage, durch Kreativität und Innovationsfähigkeit erfolgreiche Produkte hervorzubringen?

Ist Deutschland ein wettbewerbsfähiger Standort für Forschung und Entwicklung?

---

9 Vgl. „Die deutsche Automobilindustrie reduziert die Lean-Philosophie auf Kostenmanagement"; Handelsblatt Karriere, Nr. 36, 10./11.9.1993

➡️ Beispiel: Standortbewertung F & E

Bewertungskriterien (Gewicht)	Standortalternativen					
	D	EG Nord	EG Süd	Osteur.	USA	SO-Asien
• **Know-how-Potential**						
- Verfügbarkeit von Forschern/Entwicklern (1,0)						
- Scientific Community (0,7)						
- F & E-Motivation und -Effizienz (0,8)						
• **Kostenstruktur**						
- Personalkosten (1,0)						
- Sozialkosten (0,7)						
- Abschreibungen (0,6)						
- Staatliche Förderung (0,2)						
• **Gesetzlicher Rahmen**						
- Zulassungs- u. Genehmigungsverfahren (0,8)						
- Umweltschutz (0,6)						
- Umsetzungsmöglichkeiten in Produktion (0,6)						
- Haftungsrecht (0,5)						
• **Auswirkungen auf Marktposition**						
- Preispolitik (1,0)						
- Kunden- und Marktorientierung (0,8)						
- Akzeptanz (0,7)						
Gesamtbilanz	33,9	36,2	37,7	38,7	36,6	31,0

▓ stark ⊠ schwach

Abbildung 6-16: Wo die zunehmenden Handicaps liegen, ist schnell erkannt (3)
(Quelle: ADL-Analysen, 1993)

Auch hier zeigt eine systematische Bewertung, die wir für eine Reihe von F&E-intensiven Unternehmen durchgeführt haben, daß einige Standortfaktoren einer dringenden Korrektur bedürfen, allen voran die Zulassungs- und Genehmigungsverfahren für F&E-Einrichtungen, die F&E-Motivation und -Effizienz und die Kostenstrukturen (siehe Abbildung 6-16). Die Verfügbarkeit von Forschern und Entwicklern und das Vorhandensein einer umfassenden „Scientific Community" sind dagegen Stärken des deutschen Standorts, die meistens noch bestehen und wieder ausgebaut werden müssen.

Wenn das Hervorbringen erfolgreicher Produkte in Wirklichkeit der entscheidende Faktor ist, der auch den langfristigen Erfolg der Unternehmen bestimmt, so überrascht nicht, was wir bei unserer Analyse der „weißen Raben" herausgefunden haben: Daß nämlich die Wendigkeit der Produktentwicklung und des Marketing die oberste Priorität der Unternehmensführung darstellen muß, gefolgt von der Internationalisierung des Geschäfts, der Standorte und Bezugsquellen, während Struktur- und Prozeßoptimierungen und Produktivitätssteigerungen nicht in Schockwellen, sondern ständig und kontinuierlich betrieben werden müssen (siehe Abbildung 6-17).

Im Dreiklang von Produktstrategie, Marktstrategie und Technologiestrategie müssen die deutschen Unternehmen und die deutsche Wirtschaft insgesamt wieder ihre auch heute noch tragfähigen Wettbewerbsvorteile kultivieren.

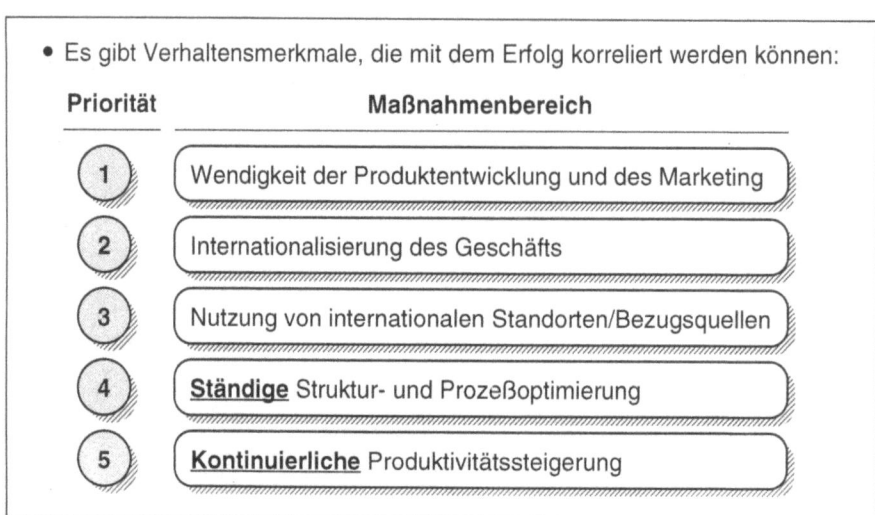

Abbildung 6-17: Welche Stärken die deutschen Unternehmen gegenhalten müssen, das ist die entscheidende Frage

Bei der Produktstrategie:
- die enge Interaktion von Technik und Marketing/Vertrieb,
- die vertrauensvolle Zusammenarbeit mit Lead Users,
- den Mut zur Innovation und
- den Pragmatismus bei der Gestaltung von Leistung zu einem akzeptablen Preis.

Bei der Marktstrategie:
- die Orientierung auf den Kundennutzen hin,
- die Zuverlässigkeit von Terminen und zugesagten Leistungen,
- die Präsenz bei den Kunden und die Stabilität der Kundenbeziehungen,
- die Schnelligkeit und Flexibilität der Reaktion auf Kundenwünsche und Marktentwicklungen.

Bei der Technologiestrategie:
- die Nutzung eines Netzwerks (einer „Nahrungskette") von Technologie-Know-how,
- die Kreativität in der praktischen Anwendung,
- den Teamgeist der an den Entwicklungsvorhaben Beteiligten,
- die Wendigkeit des Entwicklungsmanagements.

Die Autoren

Jean-Philippe Deschamps ist Vice President von Arthur D. Little, Inc. Er ist europaweit für den Beratungsbereich Technologie- und Innovationsmanagement verantwortlich und konzentriert sich hierbei insbesondere auf den Prozeß der marktorientierten Produktentwicklung und auf Produktstrategien. Er leitete das weltweite ADL-Projekt zum Thema Innovationsmanagement sowie ein Forschungsprojekt über die Schnittstelle von Marketing und F&E. Auf diesem Gebiet hatte er in den letzten Jahren auch Lehraufträge am Internationalen Management-Development-Institut (IMD) in Lausanne und am Institut für Unternehmensführung (INSEAD) in Fontainebleau. Er lehrt ferner an den Management-Weiterbildungszentren von Philips, Siemens und DSM und ist Autor zahlreicher Veröffentlichungen in der internationalen Managementliteratur.

Dipl.-Kfm. Michael Mollenhauer ist Vice President von Arthur D. Little, Inc., und Geschäftsführer der Niederlassung des Unternehmens in Wiesbaden. Als Mitglied des Europäischen Managements von Arthur D. Little ist er für die Koordination der verschiedenen Beratungsbereichen verantwortlich. Seine Beratungstätigkeit betrifft die Entwicklung von Unternehmens- und Marketingstrategien europäischer Unternehmen. Vor seiner Tätigkeit bei Arthur D. Little war Herr Mollenhauer im Controlling eines internationalen Konzerns der Nahrungs- und Genußmittelbranche für die Hauptabteilung Unternehmensplanung verantwortlich. Er ist Autor mehrerer Buchbeiträge und Zeitschriftenartikel zu Managementthemen.

Dr. P. Ranganath Nayak ist Senior Vice President von Arthur D. Little, Inc., in Cambridge, Massachusetts (USA). In seiner Beratungstätigkeit hat er sich darauf spezialisiert, organisatorischen und strategischen Wandel hin zu Hochleistungsunternehmen zu gestalten. Er leitete die Entwicklung des ADL-Beratungsansatzes „Management der Hochleistungsorganisation" und ist Autor zahlreicher Veröffentlichungen zu diesem Thema. Dr. Nayak beriet so namhafte Unternehmen wie Ford, Philips und Baxter bei der Steigerung ihrer Leistungsfähigkeit im Fertigungs-, Logistik-, Service- und Entwicklungsbereich. Er promovierte am Massachusetts Institute of Psychology auf dem Gebiet Maschinenbau und verfügt über 25 Jahre Industrie- und Berufserfahrung in Forschung, Entwicklung und Fertigung.

Dr.-Ing. Tom Sommerlatte ist Vice President von Arthur D. Little, Inc., und Managing Director der Aktivitäten des Unternehmens in Europa. Er besitzt eine zwanzigjährige Erfahrung in der Beratung von Unternehmen in Europa in strategischen und organisatorischen Fragestellungen, wobei er insbesondere die Verbindung von Markt-, Kosten-, Technologie- und Human-Ressourcen-Strategien herstellt. Er studierte Physikalische Chemie und Chemische Verfahrenstechnik an der Freien und Technischen Universität Berlin, an der University of Rochester, New York, und an der Université de Paris. Ferner erwarb er den Grad eines Master of Business Administration am Europäischen Institut für Unternehmensführung (INSEAD) in Fontainebleau. Er ist Autor und Ko-Autor zahlreicher Veröffentlichungen und Bücher zu Managementthemen. Als Mitglied von Beiräten und Aufsichtsräten wirkt er bei der Steuerung einer Reihe von deutschen und eropäischen Unternehmen mit.

Weitere Werke von Arthur D. Little

Arthur D. Little (Hrsg.)
Management im Zeitalter der strategischen Führung
1986, 2. Auflage, VIII, 192 Seiten, 68,– DM

Management der Geschäfte von morgen
1987, 2. Auflage, VIII, 162 Seiten, 68,– DM

Management des geordneten Wandels
1988, XIII, 221 Seiten, 68,– DM

Management der Hochleistungsorganisation
1991, 2. Auflage, XIV, 164 Seiten, 74,– DM

Management der F & E-Strategie
1991, 188 Seiten, 76,– DM

Management von Spitzenqualität
1992, VI, 233 Seiten, 78,– DM

Management der Europastrategie
1993, XIII, 238 Seiten, 78,– DM

Zu beziehen über den Buchhandel
oder den Verlag.
Änderungen vorbehalten.

GABLER
BETRIEBSWIRTSCHAFTLICHER VERLAG DR. TH. GABLER GMBH, TAUNUSSTRASSE 52-54, 65183 WIESBADEN

MIX
Papier aus verantwortungsvollen Quellen
Paper from responsible sources
FSC® C105338

If you have any concerns about our products,
you can contact us on
ProductSafety@springernature.com

In case Publisher is established outside the EU,
the EU authorized representative is:
**Springer Nature Customer Service Center GmbH
Europaplatz 3, 69115 Heidelberg, Germany**

Printed by Libri Plureos GmbH
in Hamburg, Germany